Otto Hense

Kritische Blätter

Erstes Heft: Miscellen

Otto Hense

Kritische Blätter
Erstes Heft: Miscellen

ISBN/EAN: 9783744611510

Hergestellt in Europa, USA, Kanada, Australien, Japan

Cover: Foto ©Thomas Meinert / pixelio.de

Weitere Bücher finden Sie auf **www.hansebooks.com**

KRITISCHE BLAETTER

VON

OTTO HENSE.

ERSTES HEFT.

AESCHYLUS' CHOEPHOREN. MISCELLEN.

HALLE,
VERLAG VON RICHARD MÜHLMANN.
1872.

HERRN GEHEIMRATH PROFESSOR

G. BERNHARDY

ZUM

FUNFZIGJAEHRIGEN DOCTORJUBILAEUM

MIT HERZLICHEM GLUECKWUNSCH

DER VERFASSER.

I.

Beiträge zur Kritik der Choephoren des Aeschylus.

1. Die Parodos.

Für ein gründliches Erfassen der schwierigen Parodos
der Choephoren ist nichts unerlässlicher, als sich überall die
tief innerliche Grundstimmung gegenwärtig zu halten, aus der
diese bewegten Strophen geflossen sind. Das gewaltsame
Hereinbrechen des Phobos bis in das Innere der γυναικεία
δώματα lässt uns zunächst erkennen, wie die dramatische
Entwicklung mit diesem Stücke nur von Neuem anhebt, und
versetzt den Hörer von vornherein in die Stimmung, die in
dem düsteren Drama die herrschende ist. Aber es ist nicht
allein die Gewalt jenes Schrecknisses, welche in der Seele der
Dienerinnen nachzittert: die herbe Tragik, die uns aus dem
Chorliede entgegentönt, beruht vor Allem auf dem Wi-
derspruche, der zwischen ihrer Gesinnung und dem ihnen
anbefohlenen Auftrage hervortritt. Indem die ihrem gemordeten Herrscher treuen Dienerinnen unter der Maske der of-
ficiellen Trauer ihr leidenschaftliches Innere ausströmen, lassen
sie uns ahnen, wie die Mördern ihrem Verhängniss nicht
entgehen wird und ihr nur zum Verderben ausschlägt, was
sie zu ihrer Rettung und Beruhigung ersinnen mag.

Die Frauen sind ausgesandt von der Klytämnestra, um
an dem Grabe des Gemordeten eine Sühnspende darzubringen.
Dazu gehört ein ceremonieller Traueract, die Wange ist blutig
von frischgezogener Nägelfurche und das Busengewand in
Fetzen. Aber nicht heute erst ertönt ihr Klagen — immer-
dar nährt sich ihr Herz an Wehklage (V. 26 *) δι' αἰῶνος δ'
ἰυγμοῖσι βόσκεται κέαρ). Schon in der ersten Strophe also

---

*) Wir citiren nach W. Dindorf's editio quinta der poetae scenici
(Lips. a. MDCCCLXVIII).

1*

wird durch die wuchtigen Schläge dieses Verses der Gegensatz zwischen augenblicklich officieller Pflichtentledigung und wahrer Herzensstimmung berührt. Wir fühlen, wie der scharfe Schlag der Hand und das Zerreissen des Brustgewandes für sie noch eine andere Bedeutung hat, als es die Herrscherin wähnen mag, die sie entsandt hat. Nachdem nun auch (Antistrophe α') die düstere Veranlassung ihres Trauerzuges erzählt ist, wie sich der Phobos auf die Frauengemächer gestürzt hat und einen mitternächtigen Aufschrei ertönen liess, da gewinnt der berührte Gegensatz immer mehr, an Schärfe und Deutlichkeit. Man sieht, wie den Frauen mit jedem Schritte, den sie sich von dem Hause entfernen, auch der Muth der freien Aeusserung wächst. In leidenschaftlichen Rhythmen strömt jetzt die wahre Empfindung aus (Strophe β'). Die Gebieterin ist es, die in ihrer Bedrängniss sie hergesandt — sie heissen sie ein gottverhasstes Weib (V. 46 δύσθεος γυνά); einen Dienst der Liebe sollen sie darbringen — sie schelten ihn liebeleer (V. 42 χάριν — ἀχάριτον); Klytämnestra sucht damit das Unheil zu wenden (ἀπότροπον κακῶν) und den Groll des Gemordeten zu sühnen — sie wagen dies Wort kaum auszusprechen (V. 47 φοβοῦμαι δ' ἔπος τόδ' ἐκβαλεῖν) und lassen nur neues Wehe! über das Haus ertönen, das seit dem Tode des Gebieters sonnenleeres Dunkel umhüllt (V. 49—53). Der Gedanke an den Gemordeten legt einen Vergleich nahe zwischen jetzt und ehemals: in springenden Sätzen wird er mehr angedeutet als ausgeführt (Antistrophe β'). Statt der unnahbaren Herrscherhoheit ist die Furcht eingezogen und Glücklich sein, darauf ist das ganze Streben gerichtet. Aber der Umschwung der Dike naht bald schnell, bald erst allmählig, dann aber umschliesst unermessliche Nacht die Schuldigen (V. 54—65). Der Mord hat sich einmal im Hause verfestet, und mag auch die Ate den Schuldigen eine Weile hinhalten, so geschieht es nur, um ihn erst völlig für das Verhängniss reifen zu lassen: es giebt nirgend Heil für ihn, und alle Ströme der Erde vermögen die blutbefleckte Hand nicht rein zu waschen (Strophe und Antistrophe γ'). Aber kaum haben die Choephoren der lange gehemmten Empfindung freien Lauf gelassen, da gemahnt sie

die Vorsicht der eignen Lage zu gedenken (Epode). Uns
haben die Götter die *ἀνάγκα* auferlegt, wir müssen Gerechtes
und Ungerechtes unserer Herrscher gut heissen und den bit-
tern Groll des Herzens bekämpfen. In das Gewand gehüllt
beweinen wir das Geschick der Herrscher, gleichwie versteint
von heimlichem Leide (V. 83 *κρυφαίοις πένθεσιν παχνουμένη*).
Es ist psychologisch wohl begründet, dass der Gedanke
an ihr Sclavenloos und die daraus entspringende Besorgniss
jetzt den Dienerinnen den Mund schliesst, ja man mag aus
dieser Resignation fast eine Art Widerruf des gewaltsamen
Ergusses ihres lang verschlossenen Grolles heraushören. Aber
wer in den letzten Worten — *κρυφαίοις πένθεσιν παχνουμένη*
— einen directen Widerspruch zu ihrer soeben vernommenen
Klage sehen will (wie dies in der That etwas sophistisch geschehen ist), der hätte aus dem Leben der Dienerinnen
auch die Jahre zu streichen, die sie seit dem Tode des
Agamemnon in verhaltenem Grame unter den Augen der
Herrscherin verlebten und (entsprechend ihrer Anschauung
von dem oft zögernden Heranschreiten der Dike) vielleicht
noch verleben werden. Die Sendung zu dem Grabe des Agamemnon, die ihnen heute Gelegenheit bietet, nach langem
Schweigen ihrem tief gehegten Schmerze einen drastischen
Ausdruck zu geben, kann sie ihre allgemeine Lage nicht ver-
gessen machen.

Wenn wir zur Einzelkritik fortschreiten, so sind was
die erste Strophe angeht die Herstellungsversuche auch sehr
verdunkelter Stellen von seltenem Glücke begleitet gewesen.
V. 23 giebt der Mediceus *χοὰς πρόπομπος* (*προπομπος* richtig
Victorius) *ὀξύχειρι συγκόπωι* (*σὺν κόπῳ* Pauw, was der Scholiast verbürgt): wir werden nachher auch von einem bisher
unbeachteten Gesichtspuncte aus bestätigen, wie Recht Casaubonus hatte, wenn er den Accusativ des bei den Tragikern
allein pluralisch üblichen Wortes *χοαί* in den dorischen Genitiv veränderte. Eine verbale Kraft von *προπομπός*, die den
Accusativ *χοάς* regieren soll, hätte Weil nicht mehr behaupten
sollen. Gegenüber einer Aenderung, die kaum den Namen
einer solchen verdient, kann für eine so entlegene Structur
nur die schlagendste Analogie Beweiskraft haben. Wenn Weil

seine Ansicht durch die Annahme begründet, dass mit *προ-*
πομπὸς nicht nur *χοάς* sondern auch *ἐξύχειρι σὺν κόπῳ* zu verbinden sei, so steht doch nichts im Wege, letzteres mit *ἔβαν*
zu verknüpfen. — V. 24 und 25 sind überliefert:

> *πρέπει παρηῒς φοίνισσαμυγμοῖς*
> *ὄνυχος ἄλοκι νεοτίμῳ.* 25

Man mag es für etwas eilig erachten, wenn W. Dindorf seinen
Vorschlag *παρηῒς αἱματοῦσσ᾽ ἀμυγμοῖς* sofort in den Text auf-
nahm, aber er bleibt in der That von allen bisher vorgetra-
genen sachlich wie methodisch der begründetste. Es bedurfte
erst einer Reihe von Irrthümern, ehe die versteckte Wahrheit
an's Licht trat, dass uns in *φοινισσ* der Rest eines Glossems
(*φοινισσομίνη*) vorliegt, das ehemals wahrscheinlich einem
αἱματοῦσσ᾽ beigeschrieben war 'ut Hesychius *αἱματῶσαι* per
φοινίξαι explicat'. Mit sicherem Tacte verfährt Dindorf's
neuste Ausgabe (Poet. scen. ed. V Lips. 1869) auch in dem
zweiten, gleich schwer verderbten Theile der Strophe. Nach
so viel verworrenen Erklärungsversuchen, in denen noch Weil
sich Hermann's Vorgange anschliesst, und die Heimsoeth
Wiederherst. S. 298 das Verdienst hat zurückgewiesen zu haben,
lesen wir jetzt richtig im Texte:

> *λινοφθόροι δ᾽ ὑφασμάτων*
> *λακίδες ἔφλαδον ὑπ᾽ ἄλγεσιν*
> *προστέρνων στολμῶν,*

letzteres statt der Ueberlieferung *πρόστελνοι* (mit doppeltem
Accent und einem *ρ* über dem *λ*) *στολμοὶ* auf den Vorschlag
Heimsoeth's. Hartung hatte durch seinen Genitiv *προστέρνου*
στολμοῦ den Weg zum Rechten wenigstens angebahnt. Aber
der pluralische Numerus ist geboten einmal durch die Forderungen der Concinnität (vgl. *λινοφθόροι δ᾽ ὑφασμάτων λακί-*
δες ἔφλαδον ὑπ᾽ ἄλγεσιν), zweitens aber durch den glücklich
erkannten Umstand, dass uns in dem *πέπλων* der folgenden
Reihe ein Glossem vorliegt, das dem *στολμῶν* doch nur bei-
gefügt sein konnte, wenn eben dieses, aber nicht *στολμοῦ* ehemals gelesen wurde. Dieses Glossem hat wiederum Hartung
zuerst, wenn auch durch einen nicht völlig adäquaten Ersatz
(*δόμων*) eliminirt. Keck Symb. phil. Bonn. p. 194 that dann
durch sein *οἴκων* auch einer sorgfältigen Responsion Genüge:

οἴκων ἀγελάστοις   30
ξυμφοραῖς πεπληγμένων.

Dieser Gedanke: οἴκων (also nicht etwa κόλπων wie Weil vorschlug) ἀγελάστοις ξ. π. war aber am Schluss der Strophe um so unerlässlicher, als die Gegenstrophe nur die nähere Ausführung desselben giebt und mit ihrem begründenden γὰρ nur an einen solchen anknüpfen konnte:

τορὸς γὰρ ὀρθόθριξ φόβος,
δόμων ὀνειρόμαντις, ἐξ ὕπνου κότον
πνέων, ἀωρόνυκτον ἀμβόαμα
μυχόθεν ἔλακε περὶ φόβῳ,   35
γυναικείοισιν ἐν δώμασιν βαρὺς πίτνων.

Um den Kunstverstand des Aeschylus genügend zu würdigen und zugleich eine endgültige Ansicht wenigstens über die Herstellung der ersten Reihe zu gewinnen, hätte hier längst an eine Stelle im Agamemnon erinnert werden müssen, die mit der vorliegenden in greifbarem Zusammenhange steht. Als Klytämnestra den Gemahl ermordet hat, da verkündet ihr der entsetzte Chor, dass auch sie noch den Schlag mit dem Schlage entgelten werde (Ag. 1429 folg. ἔτι σὲ χρὴ στερομέναν φίλων τύμμα τύμματι τῖσαι). Dieser Drohung entgegnet die Selbstverblendung der Herrscherin feierlich Vers 1431 ff.:

καὶ τήνδ᾽ ἀκούεις ὁρκίων ἐμῶν θέμιν·
μὰ τὴν τέλειον τῆς ἐμῆς παιδὸς Δίκην,
Ἄτην Ἐρινύν θ᾽, αἶσι τόνδ᾽ ἔσφαξ᾽ ἐγώ,
οὔ μοι Φόβος μέλαθρον ἐλπίσει πατεῖν,
ἕως ἂν αἴθῃ πῦρ ἐφ᾽ ἑστίας ἐμῆς   1435
Αἴγισθος, ὡς τὸ πρόσθεν εὖ φρονῶν ἐμοί.

d. h. 'Nicht soll der Phobos hoffen, mir das Haus zu betreten, so lange Aegisthus das Feuer auf meinem Heerde anzündet u. s. w.' So haben wir die Stelle ehemals hergestellt exercit. crit. p. 19 sq. statt der gänzlich verdorbten Lesart der Handschrift: οὔ μοι φόβου μέλαθρον ἐλπὶς-ἐμπατεῖ. Aber dieser Schwur, so feierlich er ist, sollte nicht in Erfüllung gehen, und ihn hat Aeschylus im Sinne, wenn er in der Parodos der Choephoren dem Hörer vorführt, wie sich gerade der genannte Dämon gewaltsam auf die Frauengemächer gestürzt hat (γυναικείοισιν ἐν δώμασιν βαρὺς πίτνων) und mitter-

nächtigen Aufschrei ertönen liess. Es kann demnach nicht
zweifelhaft sein, dass nur diejenigen im Rechte waren, die
aus der fehlerhaften Ueberlieferung τορὸς γὰρ φοῖβος ὀρϑόϑριξ
ein τορὸς γὰρ ὀρϑόϑριξ φόβος (deutlicher wäre Φόβος) oder
τορὸς φόβος γὰρ ὀρϑόϑριξ herauslasen: weder οἶστρος noch
φοῖτος (wobei auch das γὰρ in δὲ zu verändern wäre) ist am
Orte, und geradezu unverständlich erscheint, wenn Heimoesth
Wiederherst. S. 55 behauptet, dass φόβος 'zu matte Farbe
habe.' Aber selbst wenn man den Heath'schen Vorschlag
(τορὸς γὰρ ὀρϑίϑριξ φόβος) nicht anerkennen wollte, so würden doch die Worte περὶ φόβῳ (V. 35) bei einem vorhergehenden φοῖτος (so Bamberger und Hermann) oder οἶστρος
(so Schneidewin, später Heimsoeth) gerade so wenig passend
erscheinen, als sie sich nach einem φόβος ausschliessen. Weder
Φόβος noch Οἶστρος noch auch φοῖτος können περὶ φόβῳ 'vor
Furcht' aufschreien, da wir den Begriff in jedem Falle per-
sonificirt, als Dämon des Schreckens oder des Wahnsinns ein-
geführt sehen. Das Gleiche fühlte auch Keck Symb. phil.
Bonn. p. 195. Und doch gab sowohl für Hermann's φοῖτος
('si φόβος legitur, turbat mox περὶ φόβῳ' Adnot. p. 507) als
auch für Heimsoeth's οἶστρος (vgl. a. a. O. S. 55) den Haupt-
grund das folgende περὶ φόβῳ ab. Uns ist so viel unzwei-
felhaft, dass diese Worte von einem Erklärer herrühren, der
zu dem Satze ἀωρόνυκτον ἀμβόαμα μυχόϑεν ἔλαχε unmittelbar
die Klytämnestra zum Subjecte nahm, ohne zu bedenken,
dass auch hier, wie so oft, in antikem Sinne die Wirkungen
des Dämon auf diesen selbst übertragen werden: so hat der
Φόβος selbst das Haar emporgesträubt (ὀρϑόϑριξ), gerade so
wie er selbst den Schrei erhebt. Die Auffassung jenes Er-
klärers zeigt sich noch in den Worten des Scholiasten zu d.
St.: ἀναλακεῖν καὶ βοῆσαι τὴν Κλυταιμνήστραν ἐποίησεν ὁ σαφὴς
φόβος, δι' ὀνείρων μαντευόμενος. Desshalb genügt uns auch
nicht der Vorschlag von Portus: περὶ φόβῳ einfach in περι-
φόβως zu verwandeln. Der Fehler liegt ohne Zweifel tiefer
versteckt und ist kaum mit voller Sicherheit zu heben. Möglich indess, dass die Worte des Scholiasten ἀναλακεῖν καὶ
βοῆσαι τὴν Κλυταιμνήστραν ἐποίησεν u. s. w. noch eine Hindeutung auf ein ursprünglich doppeltes ἔλαχε enthalten:

μυχόθεν (ἔλαχ') ἔλαχε φοβῶν, 35
γυναιχείοισιν ἐν δώμασιν βαρὺς πίτνων.

Jedenfalls ist das φοβεῖν Sache des Phobos, nicht das περὶ φόβῳ λαχεῖν. — Nachdem wir wenigstens für den Anfang der Strophe die Lesart τορὸς γὰρ| ὀρθόθριξ Φόβος gesichert haben, verlohnt es sich nicht der Mühe, im Einzelnen die Consequenzen zurückzuweisen, in welche Keck a. a. O. durch die Einführung von οἶστρος gedrängt wird. Das Wort τορός, meint Keck, vereinige sich weder in seiner Bedeutung 'durchdringend' noch als 'hell' oder 'deutlich' mit dem Wahnsinnsdämon. So ist er genöthigt τορός zu entfernen, δόμων an dessen Stelle zu rücken und πνέων (das ohnehin die überlieferte Stellung nicht vertragen könne) an den Schluss der vorhergehenden Reihe zu setzen: δόμων γὰρ Οἶστρος ὀρθόθριξ | ὀνειρόμαντις ἒξ ὕπνου κότον πνέων | (ἔκλαγξ') ἀωρόνυκτον ἀμβόαμα | — μυχόθεν ἔλαχε περὶ φόβῳ — | γυναιχείοισιν ἐν δώμασιν βαρὺς πίτνων. Das Verbum ἔκλαγξ' wird also eingeschoben und die Worte μυχόθεν ἔλαχε περὶ φόβῳ als Parenthese gefasst. Wir bemerken nur, dass die Vermuthung, wie τορος in den Text gekommen, im hohen Grade willkürlich ist, gerade wie die Behauptung, dass dem πνέων die überlieferte Stelle nicht zukomme. Gegenüber den Ausschreitungen einer so subjectiven Kritik kann man nur das Schweigen recht heissen, das Dindorfs neuste Ausgabe beobachtet. Wenn übrigens Keck in den folgenden Versen die überlieferte Lesart:

κριταὶ (δὲ) τῶνδ' ὀνειράτων
θεόθεν ἔλαχον ὑπέγγυοι

wegen der somit entstehenden Wiederholung nicht mit Turnebus in ἔλαχον sondern in ἔχανον verändern wollte, so hätte ihn zwar nicht Merkel's Deutung auf ein Würfelorakel (?), wohl aber die Beobachtung vorsichtig machen müssen, dass der Dichter zwischen den Versen 35 und 38, wie es scheint, mit Absicht eine gewisse Responsion hergestellt hat, die diesem alterthümlichen Stile wohl ansteht: μυχόθεν ἔλαχε περὶ φόβῳ — θεόθεν ἔλαχον ὑπέγγυοι.

Der Anfang der zweiten Strophe ist wie folgt überliefert:

τοιάνδε χάριν ἄχαριν ἀπότροπον κακῶν
ἰὼ γαῖα μαῖα, μωμένα μ᾿ ἰάλλει   45
δύσθεος γυνά· φοβοῦμαι δ᾿ ἔπος τόδ᾿ ἐκβαλεῖν.

τί γὰρ λύτρον πεσόντος αἵματος πέδοι;

Nur dass wir handgreifliche Emendationen gleich in den
Text setzten: so Stanley's μωμένα μ᾿ ἰάλλει statt des überlieferten μωμίν ἀμιλλεῖ, und ἐκβαλεῖν statt ἐκβάλλειν, ebenso die
Correctur Canter's λύτρον statt λυγρὸν, endlich Dindorf's πέδοι
statt πέδῳ. — Auch wenn Elmsley den ersten Vers durch
ὐχάριτον (an Stelle des handschriftlichen ἄχαριν) vervollstän-
digt, so ist eine neue Rechtfertigung dieser Emendation kaum
geboten. Weil schreibt zwar τοιάνδε χάριν ἄχαριν ἀναπότροπον κακῶν, da nach seiner Ansicht sonst der Vers τί γὰρ λύτρον
πέσοντος αἵματος πέδοι; keine Beziehung habe. Aber diese
Auffassung beruht lediglich auf einem Missverständnisse, welches dieser Herausgeber in Bezug auf die Worte φοβοῦμαι
δ᾿ ἔπος τόδ᾿ ἐκβαλεῖν mit dem Scholiasten theilt. Letzterer
bemerkt: δεῖ νοεῖν ὅτι τὸ "δύσθεος γυνά" ἠρέμα πως ἐφθέγ-
ξατο. διό φησι, φοβοῦμαι γὰρ ἔπος τόδ᾿ ἐκβάλλειν. Aber wie
äusserlich ist diese Auffassung! Das ganze Chorlied, zumal von dem zweiten Strophenpaare an, hätte 'ἠρέμα πως'
vorgetragen werden müssen, denn durch das Ganze zieht
sich die feindliche Stimmung gegen die Gebieterin hindurch.
Und was würde bei dieser Auffassung mit 'μωμένα'? Klytämnestra sucht die χάρις doch nur als Abwehr des Unheils,
nicht aber als ἀναπότροπον κακῶν. Wie gewinnt der Gedanke
dagegen an sittlicher Tiefe, der Gegensatz an schneidender
Schärfe, wenn der Chor es kaum auszusprechen wagt, dass
das gottverhasste Weib sie, die ihrem ermordeten Gebieter
treuen Dienerinnen ausgesandt hat die χάρις ἀχάριτος darzubringen, mit welcher jene das drohende Unheil abzuwenden
sucht, das sie ihrerseits so leidenschaftlich herbeisehnen (V.
267 οὓς ἴδοιμ᾿ ἐγώ ποτε | θανόντας ἐν κηκῖδι πισσήρει φλογός)!
Diese Gluth der Empfindung kommt denn auch in dem bewegten, gleichsam fiebernden Pulsschlage der Rhythmen zum
Ausdruck, deren Character schon von Anderen (Heimsoeth,
Wiederherst. S. 120) feinfühlig nachempfunden.

Aber ein anderer Fehler ist noch in dem ersten Verse

dieser Strophe zu heben. Einmal ist die Strophe ohne Verbindung mit dem Vorhergehenden, was schon Hartung übel empfand und desshalb τοιάνδε δὲ χάριν ἄχαριν ἀπότροπον κακῶν u. s. w. vorschlug. Dass diese Aushülfe unzureichend ist, lehrt, von anderem abgesehen, die Beziehungslosigkeit von τοιάνδε, da ja noch von keinem Mittel zur Beschwichtigung der Todten die Rede gewesen. Dies haben Merkel (Zur Aeschylus-Kritik und Erklärung, Schleusingen 1863 S. 2) und Keck richtig erkannt, und für letzteren war dieser Mangel einer bequemen Beziehung des τοιάνδε χάριν Grund genug, das dritte Strophenpaar (V. 66—74) kurzweg vor das zweite (V. 42—65) zu rücken. Diese Umstellung, mit welcher Sicherheit sie auch vorgetragen wird, ist so verfehlt als möglich. Schon die neueren Beobachtungen über die Composition der Aeschyleischen Chorika müssen uns bedenklich machen. Westphal wenigstens Proleg. S. 97 sucht für Aeschylus (abgesehen vom Prometheus) das feste Gesetz nachzuweisen, dass in allen nicht threnodisch oder kommatisch gehaltenen oder sich dem Threnos nähernden Chorliedern die an den Nomos sich anschliessende Compositionsform gewahrt ist, also die trichotomische Gliederung. Das Hauptthema steht dabei gleichsam als ὀμφαλός in der Mitte, und dieses bildet bei Aeschylus ein ethischer oder dogmatischer Gedanke: man vergleiche die von Westphal nach diesem Gesichtspuncte versuchte Anordnung a. a. O. S. 102 ff. Einleuchtend ist nun jedenfalls, dass durch Keck's Anordnung der ethische Gedanke (V. 61—65) erst gegen das Ende unmittelbar vor der Epode Platz finden würde. Aber, auch hiervon abgesehen, die Beziehung des τοιάνδε χάριν würde durch die Voranstellung des dritten Strophenpaares um kein Haar verständlicher. Die Antistrophe der dritten Syzygie sagt (V. 71—74): Auch das Frauengemach bietet kein Heil, und alle Ströme, wenn sie auf einer Bahn dahinschritten, würden die blutbefleckte Hand vergeblich bespülen. Man mag diese noch zu besprechenden Worte des Dichters so verschieden herstellen als man will, immer wird sich dieser oder doch ein ganz ähnlicher Gedanke ergeben müssen. Kann aber dieser Gedanke die gesuchte Beziehung zu τοιάνδε χάριν abgeben? Offenbar nur für denje-

nigen, der den Gedanken πύροι τε πάντες ἐκ μιᾶς ὁδοῦ βαίνοντες u. s. w. mit der χάρις ἀχάριτος, welche die Dienerinnen
darbringen sollen, d. h. mit den χοαὶ auf gleiche Linie stellt.
Wie absurd eine solche Zusammenstellung wäre, fühlt man
heraus. Aber es bedarf kaum einer mühsamen Auseinander-
setzung, da in dem unbequemen τοιάνδε nur ein leichter, bisher auffallender Weise übersehener Schreibfehler steckt. Worin die χάρις ἀχάριτος besteht, welche die Choephoren an
dem Grabe des Gemordeten spenden sollen, ist klar. Man
hat mit Sicherheit herzustellen:

χο ᾶν δὲ χάριν ἀχάριτον ἀπότροπον κακῶν,
ἰὼ γαῖα μαῖα, μωμένα μ᾽ ἰάλλει   45
δύσθεος γυνά.

So ist die Verbindung mit der vorhergehenden Strophe auf
das einfachste hergestellt und es erledigt sich zugleich die
gezwungene Deutung Merkel's a. a. O. S. 2. χοᾶν χάρις ist gerade
so gesagt wie es V. 180 vom Orestes heist: ἔπεμψε χαίτην
κουρίμην χάριν πατρί. Der dorische Genitiv, der᾽ den
Abschreibern unbekannt war, gab auch hier zu dem Versehen
Veranlassung wie V. 23 χοᾶν προπομπός, und man sieht
jetzt um so mehr ein, wie recht Casaubonus that, das so-
löke χοὰς an jener Stelle fallen zu lassen. Dass wir auf die
neuen Unwahrscheinlichkeiten, die Keck auch in dem zweiten
Theile dieser Strophe anhäuft, nicht weiter eingeben, wird
uns, wie wir sehen, wenigstens der neuste Herausgeber
nicht verübeln.

Der Chor fährt in der Gegenstrophe fort:

σέβας δ᾽ ἄμαχον ἀδέματον ἀπόλεμον τὸ πρὶν   54
δ᾽ ὤτων φρενός τε δαμίας περαῖνον   56
νῦν ἀφίσταται. φοβεῖται δέ τις. τὸ δ᾽ εὐτυχεῖν,
τόδ᾽ ἐν βροτοῖς θεός τε καὶ θεοῦ πλέον.   60

Das ἀδάματον stellte Hermann her aus dem überlieferten
ἀδάμαντον, φρενός Victorius aus φρένις. Diese Verse würden
die von einem neueren Kritiker übertriebenen Anforderungen
der Concinnität ihres eigentlichen Sinnes entkleiden. Da sich
nämlich in der Strophe vielmehr die Interpunction findet:

δύσθεος γυνά. φοβοῦμαι δ᾽ ἔπος τόδ᾽ ἐκβαλεῖν.
τί γὰρ λύτρον πεσόντος αἵματος πέδοι;

so versuchte Rossbach de Choeph. locis nonnullis comment. p. 10 sq. die gleiche Abtheilung auch in der Antistrophe herzustellen:

νῦν ἀφίσταται. φοβεῖται δέ τις τόδ' εὐτυχεῖν.
τὸ δ' ἐν βροτοῖς θεός τε καὶ θεοῦ πλέον. 60

Gewiss, man erkennt auch in dieser Strophe jene strenge Plastik, die sich auch der Interpunction und des Stichworts bedient, um respondirende Glieder zu schaffen, aber man hüte sich, den Dichter zum silbenzählenden Grammatisten herabzuziehen. Hätte sich Aeschylus nicht mit dem gleichartigen Einschnitt nach *δύσθιος γυνά* und *νῦν ἀφίσταται* begnügt, und die Concinnität auch in die übrigen Glieder hinein verfolgen wollen, so würden wir in der Antistrophe nicht nur nach *εὐτυχεῖν* sondern auch nach den Worten *δι' ὤτων φρενός τε* eine Interpunction, oder statt der letzteren Worte vielmehr entsprechend der Strophe (*Ιὼ γαῖα μαῖα*) einen ähnlichen parenthetischen Ausruf erwarten müssen. Entscheidend ist hier aber vor Allem der Gedanke. Heimsoeth, der sich überhaupt um die Deutung dieser Strophe das wesentlichste Verdienst erwarb, weist mit Recht die an den Scholiasten sich anschliessenden Deutung zurück, der unter *σέβας* die Ehrfurcht des Volkes gegen Agamemnon und unter dem *φοβεῖται δέ τις* eine jetzt an deren Stelle getretene Furcht des Volkes verstand: *τοῦτο 'δὲ θέλει εἰπεῖν, ὅτι ἡ αἰδὼς, ἣν περὶ Ἀγαμέμνονος εἶχον οἱ δῆμοι, νῦν εἰς φόβον ἐτράπη· ἐκεῖνον γὰρ ἠδοῦντο καὶ ἐφίλουν, τὸν δὲ φοβοῦνται ὡς τύραννον διατελούμενον.* Gegen diese Auffassung sprechen zunächst die Attribute von *σέβας — ἄμαχον ἀδάματον ἀπόλεμον τὸ πρὶν*, besonders schlagend aber das *δι' ὤτων φρενός τε δαμίας περαῖνον*, was ja wieder etwas von oben Kommendes voraussetzt, was durch Ohr und Geist des Volkes dringt.' 'Hat man aber', fährt Heimsoeth a. a. O. S. 121 fort, 'in *σέβας* die dem Herrscher einwohnende Majestät verstanden, so fasst man auch den Gegensatz: *φοβεῖται δέ τις* richtig auf, in welchen Worten schon das anonyme *τις* an und für sich auf die jetzigen Herrscher, auf Klytämnestra hinweist. Dieser Furcht der Klytämnestra folgt dann bei dem Dichter der Grund derselben: daran hängt der Mensch, nicht am Recht, nicht an der Tugend, nicht an den Göttern, sondern daran, dass es ihm wohlergehe: τὸ δ᾽ εὐτυχεῖν, τόδ᾽ ἐν βροτοῖς θεός τε καὶ θεοῦ πλέον.' Wir schliessen uns dieser Erklärung in jedem Punkte an. Heimsoeth hätte nur noch hinzufügen können, dass mit dem φοβεῖται δέ τις nur in abstracter Form noch einmal gesagt ist, was uns vorher (V. 32 ff.) unter dem kühnen Bilde volksthümlicher Anschauung vorgeführt wurde: Der Phobos hat sich ungestüm auf das Schlafgemach der Herrscherin gestürzt nnd mitternächtigen Aufschrei ertönen lassen. Das φοβεῖσθαι ist die unmittelbarste Folge des Eindringens des Φόβος. Nur hat der Chor hier, wo er frei von den Fesseln des kühnen Bildes, die Furcht in die Seele der Herrscherin selbst verlegt, dieser Furcht auch eine specielle Richtung gegeben: Klytämnestra fürchtet, dass sie ihrer Herrscherstellung mit allem ihrem Glück verlustig gehe, dass sie mit einem Worte ihrem Verhängniss verfallen werde. Desshalb sucht sie jetzt das nahende Unheil durch die χοὰν χάρις abzuwenden. Denn Glücklich sein, das gilt den Sterblichen als Gott und mehr als Gott. — Zum Ueberfluss mag hier noch ein Wort über einen Vorschlag Platz finden, den Keck zu begründen versucht, neben Weil vielleicht der einzige, der sich von den Forderungen Rossbach's nicht lossagen konnte. Keck schreibt:

φοβεῖται δέ τις τὸ δυστυχεῖν·
τὸ δ᾽ εὖ βροτοῖς θεός τε καὶ θεοῦ πλέον.   60

Das soll heissen: man fürchtet aber das Missgeschick (und darum wagt man keinen Kampf gegen die Tyrannen), denn das Wohlbehagen ist den Menschen ein Gott und mehr als das.' τὸ εὖ, meint Keck, finde sich öfter bei Aeschylus als Substantiv — niemals aber, fügen wir hinzu, in formalem Gegensatze zu einem δυστυχεῖν: man hat den Gegensatz nur einmal umzukehren, um den Solöcismus mit Händen zu greifen. Man fürchtet sich, hatte der Chor gesagt, und Glücklich sein, das gilt den Sterblichen als Gott und mehr als das. Aber alle Versuche, so lautet nun der Gegensatz, sich der Dike zu entziehen, sind vergeblich. Der Mediceus giebt hier:

ῥοπὴ δ᾽ ἐπισκοπεῖ δίκα
ταχεῖα τοῖς μὲν ἐν φάει,
τὰ δ᾽ ἐν μεταιχμίῳ σκότου

μένει χρονίζοντ' ἄχη (ἄχει pr.) βρύει,
τοὺς δ' ἄκραντος ἔχει νύξ.   65

Es ist dies bekanntlich eine der schwierigsten Stellen des Aeschylus, und über wenige mögen so zahlreiche und sich oft so völlig zuwiderlaufende Ansichten laut geworden sein. Wir geben zunächst die Analyse, welche sich für uns bei oft wiederholter Betrachtung als die stichhaltige ergeben hat, um dann eine kurze Kritik der hervortretendsten Erklärungsversuche Anderer anzuschliessen.

Was die Constituirung des Textes angeht, so stellen wir nach Turnebus aus den Worten des Scholiasten δίκας statt δίκα und τοὺς μὲν für τοῖς μὲν her und sehen mit Heimsoeth in dem ἄχη von Vers 64 eine spätere zu χρονίζοντ(α) βρύει gefügte Beischrift, so dass also τὰ Relativ und μένει das dazu gehörige Verbum ist: was aber im Dunkel noch verharrt, das schwillt durch Zögern auf — und die (bei denen dieser Fall Statt findet, wie Heimsoeth erläuternd hinzufügt) hält dann unermessliche Nacht umfasst: d. h. wir schreiben ἄκρατος νύξ mit Schütz an Stelle von ἄκραντος νύξ. In der Erkläruug vermögen wir freilich auch Heimsoeth nicht unbedingt zu folgen: auch seine Auffassung lässt, obschon sie das beste enthält, was nach unserer Meinung über die dunkeln Worte bisher gesagt ist, doch die Füden zu sehr ausser Acht, welche diese Sätze mit dem Vorhergehenden verknüpfen. Man hat überhaupt, wie ich glaube, die Stelle zu wenig in dem Lichte der Situation angeschaut, wie sie uns in den vorhergehenden Strophen vorgeführt ist, und die Verse oft dermassen aus dem Zusammenhange losgelöst und generalisirt, dass man sich in den seltsamsten Irrwegen verlor.

Wir gehen von dem zweiten Gliede aus: τὰ δ' ἐν μεταιχμίῳ σκότου μένει —: damit ist der jetzige Zustand der Klytämnestra (und wenn man will, des Aegisth) gezeichnet. Wesshalb, fragt man sich, wählt der Chor gerade dieses Bild des μεταίχμιον σκότου? Wir antworten: der Chor nimmt die Anschauung wieder auf, deren er sich schon Vers 51 ff. bedient hatte, um uns den jetzigen Zustand des Hauses zu schildern: ἀνήλιοι βροτοστυγεῖς δνόφοι καλύπτουσι δόμους δεσποτῶν θανάτοισι. Sonnenleeres, verhasstes Dunkel umhüllt das Haus

— und wie Recht der Chor damit hat, zeigt ja das eben geschilderte gewaltsame Eindringen des Phobos und sein mitternächt'ger Aufschrei. Die Herrscherin fürchtet sich. Die sonnenhellen Tage des Glücks sind seit der Ermordung des Gemahls für sie entschwunden. Daher stellt der Chor gegenüber: der Umschwung der Dike trifft die einen schnell im Glanze des Glücks (allgemein gesagt, wenigstens ohne nothwendige Beziehung auf Agamemnon), was aber (wie es die Lage der Klytämnestra ist) noch im. Zwielicht (zwischen Dunkel und Licht) verharrt, das schwillt im Zögern auf (zeitigt sich zur Reife), und dann hält *unermessliche* Nacht sie.' Mit den letzten Worten τοὺς δ' ἄκρατος ἔχει νύξ wird in dem gleichen, aber in's furchtbare gesteigerten Bilde der endlich gewaltsam eintreffende Schlag der Dike bezeichnet: der rhetorische Nachdruck liegt also auf dem Worte ἄκρατος gegenüber dem μεταίχμιον σκότου, in dem sich die Frevlerin und ihr Haus schon jetzt befindet und bis zur Zeitigung noch verharrt. Was demnach unsere Erklärung von ähnlichen, z. B. der Heimsoeth'schen unterscheidet, ist die durch die vorhergehende Schilderung der Lage der Klytämnestra gebotene Annahme, dass mit den Worten τὰ δ' ἐν μεταιχμίῳ σκότου μένει im Gegensatz zu dem ehemaligen φάος und entsprechend dem δνοφοί κα-λύπτουσι δόμους bereits eine Vorstufe der Strafe bezeichnet wird, die dem ahnungsvollen Chore das volle Hereinbrechen der ἄκρατος νύξ verkündet. Mit anderen Worten: τὰ δ' ἐν μεταιχμίῳ σκότου μένει bedeutet nicht die Strafe, die noch im Dunkel (ungesehen von den Frevlern) harrt und sich im Harren vergrössert, vielmehr dass Klytämnestra zwischen Furcht (φοβεῖται δέ τις) und Hoffnung (daher die dargebrachte χοᾶν χάρις) in dem bereits umdunkelten Hause noch verharrt, um in diesem Harren dem hereinbrechenden Verhängniss gleichsam entgegen zu reifen. Die bald kühneren (vergl. δύσθεος γυνά), bald wieder trotz dem Fernsein von der Gebieterin zaghafteren Frauengemüther (vergl. das anonyme φοβεῖται δέ τις) wagen in diesem Spruch von dem Walten der Dike nicht in aller Unverhülltheit gleichsam mit dem Finger auf die Gebieter zu weisen: daher zunächst allgemein τα δ' ἐν μεταιχμίῳ σκότου μένει, und dann in speciellerer Hindeutung τους δ' ἄκρατος

ἔχει νύξ. Der Ausdruck *ἐν μεταιχμίῳ σκότου* (d. h. in tenebrarum confiniis, inter lucem et tenebras, wie man überein-
stimmend erklärt) ist aber, um dies noch hinzuzufügen, gerade
für die Bezeichnung der Lage der Klytämnestra der geeignetste.
Schon ist sie dem Phobos verfallen und für den weiter blicken-
den Chor verhüllt Dunkel das Haus schon seit dem Tode
des Herrschers, aber noch hofft sie das Unheil zu wenden,
sie sendet die *χοὰν χάρις* als *ἀπότροπον κακῶν*.

Was auch uns hinderte, die Heimsoeth'sche Erklärung
anzunehmen (die Strafe kommt bald schnell, bald langsam,
dann aber um so vernichtender), hat schon Keck richtig hervorgehoben. 'So würde der Dichter dem schweren Tadel
unterliegen, dass er in zwei unmittelbar auf einander folgenden Sätzen mit dem Bilde der Finsterniss zuerst die Verborgenheit und Unsichtbarkeit der von fern heranrückenden
Strafe, sodann aber mit demselben Bilde (νύξ) die Strafe
selber bezeichnet hätte. Ein solcher Stilfehler ist aber bei
Aeschylus unmöglich, also' — schliesst Keck (und hier können
wir nicht mehr übereinstimmen) — 'müssen σκότος und νύξ
im wesentlichen hier dasselbe "die Verborgenheit der Strafe"
bezeichnen.' Aber man höre Keck's Deutung im Zusammenhange: 'Dike gibt Acht auf das Zünglein ihrer Wage (*Δίκα
δ' ἐπισκοπεῖ ῥοπάν*); den einen (*τοῖς μὲν*) naht sie schnell und
in klarem Licht, so dass man ihr Heranschreiten deutlich
sehen kann; was dagegen im Schoosse der Nacht noch lauert,
das schwillt durch die Zögerung noch an (*τὰ δ' ἐν μεταιχμίῳ
σκότου μένει, χρονίζοντα βρύει*); jenen aber d. h. Aegisthus
und Klytämnestra verhüllt (?) tiefe Nacht sie (Dike: *τοῖς δ'
ἄκρατος ἔχει νύξ*).' Wir wollen auf die mancherlei Bedenken,
die sich hier sogleich aufdrängen, nicht des Nähern eingehen
(z. B. die Aenderungen am Anfange, dann die harte Ergänzung des Objects zu ἔχει, dieses letztere in der Bedeutung
"verhüllen" und dergl.), aber geradezu naiv muss es doch erscheinen, dass Keck auch in dem Scholion seine Lesart bestätigt finden will. Zwar liest man in den Scholien etwas
ganz anderes, nämlich: *ἄλλους δὲ σκότος καλύπτει ὡς μηδ'
ὁρᾶσθαι ὑπ' αὐτῆς*. Aber nichts ist leichter als diese 'von
den Byzantinern ausgegangene und sich nothdürftig und äusser-

18

lich an die spätere Textcorruptel anlehnende Ueberarbeitung'
zu — corrigiren. Man lese ἄλλοις δὲ (Αἰγίσθῳ καὶ Κλυταιμνήστρᾳ) σκότος καλύπτει (δίκην) ὡς μηδ' ὁρᾶσθαι ἐπ' αὐτῶν. So
finden wir denn auch in dem Scholion die Lesart bestätigt,
und zwar 'auf das merkwürdigste' — difficile est satiram
non scribere.

Die zahlreichen Erklärungsversuche der Stelle lassen
sich nach dem Gesichtspuncte ordnen, je nachdem die Interpreten drei oder nur zwei Klassen von Menschen in den fraglichen Worten angedeutet finden. Zu den ersteren gehört
zunächst Bamberger. Er versteht unter τοὺς ἐν φάει den
Aegisth und die Klytämnestra, unter dem Bilde des μεταίχμιον σκότου sieht er den Orest und die Elektra, unter dem
der νύξ den Agamemnon angedeutet. Um aber von allem Anderen abzusehen, so kann nichts schlagender sein als die Gegenbemerkung Mehler's Mnemos. vol. VI p. 92: 'sed a chori,
Electrae fratrisque sortem fideliter lugentis, fausta quaeque
illis, exitium vero matri deos rogantis, indole est quam alienissimum, aut de Agamemnone cogitare merito trucidato,
aut Electrae et Oresti qui nihil omnino deliquerant, tardos
dolores minitari, divina iustitia iis reservatos.' Bamberger
selbst übrigens sieht sich wenigstens in Bezug auf seine Auffassung der Worte τοὺς δ' ἀκράντος ἔχει νύξ zu einem Eingeständniss genöthigt. Denn was will die Bemerkung anders
bedeuten, die man Opusc. phil. p. 60 liest: 'haec postrema
verba τοὺς ἄκραντος ἔχει νύξ magnam ad audientium animos
commovendos vim habent; ad generalem sententiam non sunt
necessaria, sed opportuno loco et summa cum vi chorus Aegisthi et Orestis cogitatione in memoriam et desiderium Agamemnonis delapsus miserrimi quo periit fati audientes admonet'.
Mit Bamberger's Ansicht muss auch der wenig verschiedene
Versuch Hermann's zusammenfallen (μένει χρονίζοντ' ἀτυχῆ):
'sed conversio iustitiae subita respicit hos in luce (i. e. sed
iustitia subito se convertit in hos qui in luce versantur: Clytaemnestram et Aegisthum intelligit); alii inter lucem et tenebras infelices morantur (infelix exilio Orestes); alios (Agamemnonem) cassa nox tenet': worauf ebenfalls schon Mehler
a. a. O. p. 92 hinwies. Letzterer hat auch den schwächlichen

Versuch A. de Jongh's bei Seite gelegt. Mehler selbst endlich hat sich redliche Mühe gegeben: Diu multumque loco
emendando dedi operam. Ex quo labore, quos unicos per-
cepi fructus hi sunt, ut haec fere cogitasse credam poetam.
'Omne maleficium serius ocius poena manet; mature puniun-
tur, quae in luce sunt commissa; sed ea quoque, quae clam
commissa aliquantisper latent, quin etiam quae oblivionis nocte
videntur esse involuta, dolores (h. e. criminis poena) manent.
Dass dieser Gedanke Aeschyleisch ist und sich auch in die
vorliegende Stelle allenfalls einfügen würde, wird niemand leugnen, aber noch hofft Mehler auf den 'glücklicheren und scharf-
sinnigeren' Kritiker, der die Ueberlieferung mit dieser Erklärung auch nur annähernd in Einklang bringen soll. Wie
Dindorf (sein Vorschlag ist τὰ δ' ἐν μεταιχμίῳ σκότου μένει
χρονίζοντας ἄχη) statt jeder weiteren Bemerkung sich begnü-
gen konnte, auf diese Stelle der Mnemosyne zu verweisen,
bleibt uns unverständlich. — Ueber Naegelsbach's ehemalige
Unterscheidung von tria poenarum tempora gehen wir hinweg:
sie ist dem Zusammenhange fremd und den Worten aufgezwun-
gen. Auch K. O. Müller hat sich mit der Stelle beschäftigt
(Zeitschr. f. Alt. 1836 S. 21). Der Sinn sei: 'Ein hohes Glück ist
freilich nach der Meinung der Sterblichen Gott und mehr als
Gott: aber die einbrechende Wucht der göttlichen Strafen stellt
die im Lichte der Glückseligkeit strahlenden schnell in's Dunkel
(ῥοπὴ δ' ἐπισκοτεῖ δικᾶν ταχεῖα τοῖς μὲν ἐν φάει); ein Loos dagegen im Dämmerlichte erhält sich länger und lässt die Keime
des Verderbens langsam wuchern (τὸ δ' ἐν μεταιχμίῳ σκότου
μένει χρονίζον τε βρύει); andere Menschen bleiben immer in
tiefer endloser Nacht.' Jedem ist klar, wie hier vor Allem
das dritte Glied, worunter das Schicksal der Sclavinnen selbst
begriffen sein soll, völlig überhängt. Auch sieht man nicht,
wendet N. Wecklein Studien zu Aesch. S. 151 mit Recht ein,
warum die im Dämmerlicht überhaupt dem Verderben an-
heimfallen müssen; woraus soll man schliessen, dass sie schuldig seien?

Von den Deutungen, die (wie unsere eigene) die dreifache
Gliederung verlassen, haben wir schon die Heimsoeth'sche berührt: es mag nur noch ein Wort über den Weil'schen Versuch

Platz finden. Weil schreibt: ῥοπὴ δ᾽ ἐπισκοπεῖ δίκας ταχεῖα τοὺς μὲν ἐν φάει, τὰ δ᾽ ἐν μεταιχμίῳ σκότου ἄχη χρονίζοντα βρύειν· τοὺς δ᾽ ἄκραντος ἔχει νύξ, und als Erklärung wird hinzugefügt: 'ne admireris improborum prosperitatem. Iustitiae impressio subita scelestos invenit in luce versantes, mala (quae illis reservantur) in tenebrarum confiniis, iamiam eruptura sed tardantia impetum suum: atque horae momento scelesti profunda tenentur nocte.' So würde also τοὺς μὲν auf Personen, τὰ δὲ auf die Strafen, die sie erwarten, τοὺς δὲ auf die gleichen Personen gedeutet. Wir wollen uns auch hier nur an das Nächstliegende halten: wie lässt sich bei dieser Deutung der doch offenbar beabsichtigte Gegensatz zwischen ἐν φάει und ἐν μεταιχμίῳ σκότου festhalten, wenn dieses auf die Strafen, jenes auf die Frevler bezogen wird? Wie kommt der Dichter überhaupt darauf, die Strafen ἐν μεταιχμίῳ σκότου zu verlegen, und welches Wort soll dem 'horae momento' der Erklärung entsprechen? Auf alle diese Fragen bleibt uns Weil die Beantwortung schuldig. Gleiche und ähnliche Bedenken sprach schon Wecklein aus a. a. O.

Zusammenzufassen sind schliesslich unter anderem Gesichtspuncte die sich berührenden Auslegungen Westphal's und Wecklein's. Beide stehen auch desshalb einander nahe, weil sie beide die nun folgende Strophe γ´ in einen scharfen Gegensatz zum Vorhergehenden rücken. Westphal erklärt Prolegomena S. 103: 'Dike's Auge trifft zwar die einen schnell und offenkundig; bei anderen lässt sie die Frevelthaten noch eine Zeitlang im Dämmerlichte fortwuchern, um auch sie späterhin zu treffen; Andere aber sind durch ewige Nacht vor ihren Blicken geschützt. Das ist es, was man Angesichts der Frevelthaten des Aegisthus und der Klytämnestra befürchtet, auch sie, so scheint es, würden straflos fortsündigen. Aber — und hiermit beginnt die Strophe γ´ — wenn ihnen auch Straflosigkeit zugesichert scheint, es wird sicher ihr Frevel gerächt werden; denn weil die nährende Erde die Tropfen aufsog, so kann das Blut nicht fortfliessen, sondern bleibt zurück als Rächer; auch Agamemnons Blut wird als Rächer auftreten. Wir Menschen mögen an der Gerechtigkeit verzweifeln; aber dennoch wird sie siegen.' Westphal lässt eine philologische Begrün-

dung dieser Deutung vermissen: eine solche versucht Wecklein
a. a. O. S. 153 ff. Die drei Glieder, heisst es hier, zeigen
sonder Zweifel folgende Abstufung der Begriffe: *ἐν φάει, ἐν
μεταιχμίῳ σκότου, ἐν νυκτί* 'im Licht, im Zwielicht, in der
Dunkelheit'; *ταχεῖα, χρονία, ἄκραντος* (irritus), was man kurz
mit 'schnell, langsam, gar nicht' wiedergeben könne. Die
ersteren Begriffe *ἐν φάει, ἐν μεταιχμίῳ σκότου, ἐν νυκτί* stehen
in causalem Verhältniss zu den anderen: 'schnell, weil im
Lichte, langsam weil im Zwielichte; gar nicht, weil in der
Dunkelheit.' So ergiebt sich für Wecklein der Gedanke: das
Richteramt der strafenden Gerechtigkeit erschaut schnell die
offenbaren Verbrecher; diejenigen aber, deren Schuld sich
noch im Zwielicht birgt, erwartet erst mit der Zeit die Strafe;
andere aber deckt nichts zu Ende führende (d. h. keine Bestrafung bewirkende oder jede Bestrafung ausschliessende) Nacht.
Die Gliederung und Ausdrucksweise wäre hier — das
wird man zunächst einräumen — so inconcinn als irgend möglich:
ταχεῖα steht prädikativisch zu *ῥοπὴ δίκας*; statt des zu erwar-
tenden gleichen Verhältnisses *(χρονία ῥοπή* oder *χρόνια ἄχη)*
lesen wir (Wecklein folgt hier Dindorf's Aenderung) *χρονίζοντας*
in der Stellung eines Objectes zu *μένει ἄχη* (man vergleiche
die von Wecklein acceptirte Dindorf'sche Interpretation); im
dritten Gliede ist dann das Verhältniss abermals umgeworfen:
die Aufreihung *τοὺς ἐν φάει* — *ἐν μεταιχμίῳ σκότου* wird fallen gelassen und *ἄκραντος* steht attributiv zu *νύξ*, statt dessen
man *ἐν νυκτί* erwartet. Das ist ein Kreuz und Quer von
Beziehungen, dem wir, offen gestanden, nicht zu folgen
vermögen. Aber auch wenn sich die Interpretation plan und
ungesucht aus dem Texte ergeben würde, so sehe ich immer
noch nicht, wie eine derartige Unterscheidung hier ohne Zwang
Statt haben könnte. Auch Wecklein scheint dies zunächst
gefühlt zu haben. Wenigstens sieht er sich zu dem Bekennt-
niss genöthigt, dass diese (mit der des Scholiasten ungefähr
übereinstimmende) Erklärung wohl längst anerkannt sein würde,
'wenn der dadurch gewonnene Sinn nicht gerade das Gegentheil von dem schiene, was man hier erwartet.' In der That,
ich erwarte hier das gerade Gegentheil von dem, was uns
Wecklein bietet, und kann mich auch mit der Art und Weise

nicht befreunden, wie die folgenden Strophen (Strophe und
Antistr. γ) in das Bereich dieser Erklärung gezogen werden: 'Verbrechen werden theils sofort, theils spät, theils
gar nicht bestraft; der Mord aber immer bestraft.' Wäre
dieser Gegensatz bezweckt, so würden wir (dies ist auch gegen
Westphal zu sagen) zu Beginn von Strophe γ' (V. 66 δι' αἵματ'
ἐκποθένϑ' u. s. w.) jedenfalls eine diesen Gegensatz markirende
Partikel erwarten, und dass diese durch die wenig glückliche
Aenderung Wecklein's (S. 150) δι' αἷμ' ἅπαξ ποθὲν δ' ὑπὸ
χθονὸς τροφοῦ nicht gewonnen wird, darin werden wir kaum
auf Widerspruch stossen. Niemand wird weiterhin leugnen,
was Wecklein S. 155 behauptet, dass Aeschylus mit Vorliebe
das Verbrechen des Mordes als das schwersto und schreck-
lichsto dargestellt hat, aber obenso sicher ist, dass der erste
Satz der in Rede stehenden Erklärung sowohl im Besonderen
der Stimmung der Choephoron als auch im Allgemeinen der
Aeschyleischen Ethik zuwiderläuft, der Satz nämlich: dass Verbrechen zum Theil auch gar nicht bestraft werden. Ueberall
spricht vielmehr der Dichter und zwar in der Form eines un-
verbrüchlichen Canons die Ansicht aus, dass den Frevler frü-
her oder später die Strafe ereilt: Cho. 313 δράσαντι παθεῖν,
τριγέρων μῦθος τάδε φωνεῖ, Fragm. 282 D. δράσαντι γάρ τι καὶ
παθεῖν ὀφείλεται, und wie man solche Sätze als für die An-
schauungsweise des Aeschylus besonders charactoristisch ansah, mag der Umstand beweisen, dass man auch folgende
Verse auf ihn zurückführen zu müssen glaubte (Stob. Ecl. 1,
3, 28 p. 120, vergl. Theoph. ad Autol. 2, 54 p. 256) Fragm.
281 D. *):

ὁρᾷ δίκη σ' ἄναυδος οὐχ ὁρωμένη
εὕδοντα καὶ στείχοντα καὶ καθήμενον·
ἑξῆς δ' ὁπαδεῖ δόχμιον, ἄλλοθ' ὕστερον.
οὐδ' ἐγκαλύπτει νὺξ κακῶς εἰργασμένα,
ὅ τι ἂν ποιῇς, νόμιζ' ὁρᾶν θεούς τινα.   5

Näheres sehe man bei Dronke, Die religiösen und sitt-
lichen Vorstellungen des Aeschylos (Fleckeis. Jahrb. Vierter

---

*) Wir geben die Stelle nach einigen, uns schon von Herwerden vor-
weggenommenen Verbesserungen; im Uebrigen vergleiche man Dindorf
z. d. St. und Nauck Trag. Graec. fragm. p. 716.

Supplementband, Erstes Heft) S. 43 und Buchholz, Die sittliche Weltanschauung des Pindar und Aeschylus S. 199 ff. — Was nun endlich den Zusammenhang des folgenden Strophenpaares mit unserer Stelle betrifft, so wird sich die enge Bezüglichkeit herausstellen, sobald wir dasselbe einer sorgfältigen Analyse unterzogen haben.

Im Mediceus liest man:

δι' αἷματ' ἔκποθεν ὑπὸ χθονὸς τροφοῦ
τίτας φόνος πέπηγεν οὐ διαρρύδαν.

διαλγὴς ἄτη
διαφέρει τὸν αἴτιον
παναρκέτας νόσου βρύειν·
οἴγοντι δ' οὔτι νυμφικῶν ἐδωλίων   71
ἄκος, πόροι τε πάντες ἐκ μιᾶς ὁδοῦ
βαίνοντες
τὸν χαιρομύσῃ φόνον καθαί-
ροντες ἰοῦσαν ἄτην

In der Strophe corrigirte Schütz ἔκποθεν richtig in ἐκποθένθ', διαρρύδαν Lobeck in διαρρύδαν, ἄτη Schütz in δ' ἄτα: 'ut reliquae quoque in hoc carmine formae vulgares haud dubie in Doricas sunt mutandae,' setzt Dindorf mit Recht hinzu. Nach βρύειν (V. 70) wird im Mediceus aus V. 65 wiederholt: τοὺς δ' ἄκραντος ἔχει νύξ. Porson sah die Ungehörigkeit der Worte an dieser Stelle und tilgte sie. Man wollte die Wiederholung erklären durch den Umstand, dass V. 70 mit βρύειν endigt gerade wie V. 64 mit βρύει, und sah also darin eine Bestätigung von βρύει in V. 64. Es lässt sich aber noch eine andere Erklärung für die Wiederholung jener Worte geben, und diese hat für uns eine grössere Wahrscheinlichkeit. Wir sehen darin die Beischrift eines ältern Interpreten, der die Stelle über das Walten der Dike noch richtig auffasste d. h. in den Worten τοὺς δ' ἄκρα[ν]τος ἔχει νύξ das schliessliche Hereinbrechen der Strafe bezeichnet sah. 'Die ἄτη hält den Schuldigen hin (differt auctorem), bis er ganz von Krankheit strotzt' — dazu konnte ein einsichtiger Erklärer sehr passend die Hindeutung auf die Strafe beifügen: τοὺς δ' ἄκραντος ἔχει νύξ, und diese hält ewige Nacht umfasst. Es ist ganz im Sinne des Dichters, auf den αἴτιος und

seines gleichen, auf die *νόσου βρύοντες* dieses Wort anzu-
wenden. Die Bemerkung gerieth dann später in den Text
und man hielt nun die Wiederholung für beabsichtigt (*τοῦτο
ὥσπερ ἐπᾳδόμενόν ἐστιν* sagt ein Scholion). Damit haben wir
aber auch unsere Ansicht über den Zusammenhang des
dritten Strophenpaares mit den vorhergehenden Worten
eigentlich schon ausgesprochen, wir sehen in Vers 66—
74 nur die individualisirende, auf den vorliegenden Fall
(die Ermordung des Agamemnon durch Klytämnestra) ange-
wandte Ausführung der im Vorhergehenden noch allgemeiner
gehaltonen Worte: *τὰ δ' ἐν μεταιχμίῳ σκότου | μένει, χρονίζοντα
βρύει, | τοὺς δ' ἄκρατος ἔχει νύξ*. Da das Blut, heisst es, von
der Mutter Erde aufgesogen, so hat sich der Mord zum Rächer verfestet, Ate hält den Schuldigen noch hin, bis er ganz
von Krankheit strotzt: dieses Glied entspricht dem vorhergehenden *τὰ δ' ἐν μεταιχμίῳ σκότου — βρύει*. Auch das
Frauengemach giebt kein Heil und alle Ströme vermöchten
die blutbefleckte Mörderhand nicht rein zu waschen — hier
wird nur negativ ausgedrückt, was oben positiv angedroht
war: *τοὺς δ' ἄκρατος ἔχει νύξ*. Diese gedankliche Responsion
wird auch formal angedeutet: eben durch das *βρύει* in V. 64
und *βρύειν* in V. 70. Das Wort ist also ebenso wenig an
erster wie an zweiter Stelle zu beanstanden, und wir glauben,
dass Hermann auch aus diesem Grunde im Irrthum war, wenn
er das *βρύει* der Antistrophe *β'* für fälschlich aus der Strophe
γ' heraufgenommen ansah.

Von den Vorschlägen, die zu der im Einzelnen noch
verderbten Strophe gemacht sind, hat man sich die Keck'schen
Einfälle nur nach der gedanklichen und zumal methodischen
Seite vor Augen zu führen, um sich eine weitere Polemik
zu ersparen. Keck schreibt: *δι' αἵματ' ἐκποθίνθ' ὑπὸ χθο-
νὸς τροφοῦ | τίτας γόνος πέπηγεν οὐ διαρρύδαν*. Die Erklä-
rung: 'der Blutstropfen, der Same krystallisire sich gleichsam
zu einem Rächerembryon' lässt wenigstens nach der Seite der
Komik nichts zu wünschen übrig. *γόνος* (oder auch *σπόρος*)
bedeute 'der Keim', und für *πέπηγεν* findet Keck zwar kein
Beispiel, 'wo es sonst von der Empfängniss eines Keimes gebraucht wäre' (a. a. O. S. 200), aber der Dichter hätte ja kaum

einen passenderen Ausdruck wählen können! Auch die Art
und Weise, wie Keck seine Vermuthung wiederum durch eine
Scholienbemerkung zu stützen versucht, ist ganz die bereits
oben characterisirte: man mag sich selber überzeugen. Wir halten es für geboten, uns überhaupt in diesem Satze der Aenderungen zu enthalten, und sehen hier nur die gleiche (wenn
auch im Ausdruck vertiefte) Anschauung, deren sich der Chor
auch in dem Kommos V. 400 ff. bedient: ἀλλ᾿ νόμος μὲν φο-
νίας σταγόνας | χυμένας ἐς πέδον ἄλλο προσαιτεῖν | αἷμα. — Das
unverbürgte Wort διαλγής (das doch durch Erklärungen wie
die Wecklein'sche a. a. O. S. 155: 'Der Aufschub ist mit den
Schmerzen der Gewissensbisse verbunden' noch nicht gesichert
wird) hat wohl Heimsoeth nach dem Winke des Scholiasten
(ἡ διαιωνίζουσα ἄτη) richtig in διαρχής verändert.

Die metrische Reconstruction dieser Syzygie, die erst
Bamberger als solche erkannte, ging wegen der völligen Zer-
rüttung der Antistrophe von der Strophe aus. Es zeigt sich
hier wieder einmal, wie wichtig es ist, überall die Versab-
theilung der Handschrift genau zu kennen: die Reihen sind
im Mediceus völlig richtig abgeschieden, nämlich drei aufeinan-
der folgende Tetrapodien. Die ganze Schwere des Gedankens
lastet gleichsam auf dem zögernden Rhythmus der dreifachen
Synkope von διαρχὴς δ᾿ ἄτα, und dass ebenso διαφέρει τὸν αἴτιον
mit seinen vier Arsen zusammengehört, erkannte Heimsoeth
Wiederherst. S. 275. Aber die Synkope der ersten Thesis ist
wie in der zweiten Tetrapodie so auch in der dritten geboten,
und schon aus diesem Grunde ist das von Lobeck auch hinsichtlich seiner Bildung verdächtigte παναρκέτας des Mediceus
und ebenso Heimsoeth's παναθλίας zu verwerfen. Das ist von
Keck S. 201 richtig erkannt: 'Nie lautet bei Aeschylos eine
jambische Strophe auf eine Hexapodie oder Tetrapodie ohne
alle Synkope aus, und natürlich, weil damit kein beruhigender
Abschluss gegeben wäre; vielmehr wenn eine Tetrapodie den
Schluss bildet, ist jedesmal wie V. 31 in ξυμφοραῖς πεπληγμένων die erste Thesis synkopiert, so dass der jambische Rhythmus in den trochäischen umschlägt.' Dass freilich mit παν-
αγρίας νόσον, wie Keck vorschlägt, das Richtige getroffen wäre,
darüber hegen wir um so stärkeren Zweifel, als wir guten

Grund zu der Annahme haben, dass der Dichter auch in der Antistrophe sich der Form ·- u — u — u — bediente, nicht aber die erste Arsis wie in der vorhergehenden Tetrapodie aufgelöst war. Wir unterdrücken jede Vermuthung, da uns noch immer ein Wort fehlt, das auf den ersten Blick die Probabilität an der Stirn trüge. Um so sicherer hoffen wir den Fehler im Folgenden zu heben. Es ist zunächst ein Verdienst von Merkel (Zur Aeschylus-Kritik und Erklärung S. 4) und Keck, dass sie sich mit Entschiedenheit von den geradezu extravaganten Verirrungen lossagten, denen der Scholiast in der Erläuterung der Antistrophe anheimfiel. Zu den Worten οἴγοντι (ϑιγόντι Scaliger) δ' οὔτι νυμφικῶν ἰδωλίων ἄκος, πόροι τε u. s. w. lesen wir: τὸ γυναικεῖον αἰδοῖον λέγει· ὥσπερ τῷ ἐπιβάντι νυμφικῆς κλίνης οὐκ ἔστιν ἴασις πρὸς ἀναπαρϑένευσιν τῆς κόρης, οὕτως οὐδὲ τῷ φονεῖ πάρεστι πύρος πρὸς ἄκεσιν τοῦ φόνου. Es lässt sich in der That kaum eine plattere, und, fassen wir das Rechtsgefühl des Dichters in's Auge, frivolere Erklärung geltend machen. Als ob die Vergewaltigung der Frauenehre zumal nach attischen Rechtsbegriffen sich nur entfernt mit einer Unthat wie der Klytämnestra's in Parallele stellen liesse! Ebenso unmöglich aber ist diese Auslegung nach sprachlicher und grammatischer Richtung: der gänzliche Mangel an einer Andeutung des Vergleichs, die plump materielle Deutung von οἴγειν (?) νυμφικῶν ἰδωλίων, endlich die ganz unerwartete Stellung des οὔτι zwischen den doch bei dieser Erklärung zusammengehörigen Worten οἴγοντι νυμφικῶν ἰδωλίων — das Alles ist schon von anderer Seite, wenn auch nicht immer mit gebührendem Nachdruck geltend gemacht. Die Worte οὔτι νυμφικῶν ἰδωλίων ἄκος gehören, wie dies Keck überzeugend nachweist, zusammen: Die νυμφικὰ ἰδώλια (oder γυναικεῖα δώματα) gewähren keine Rettung'. Der Genitivus steht genau in demselben possessiven Sinne wie z. B. in der (ebenfalls schon von Keck angezogenen) Stelle Agam. 365 οὐ γὰρ ἔστιν ἔπαλξις πλούτου: 'denn nicht giebt es im Reichthum eine Schutzwehr,' und zahlreichen anderen. Wie man auf die eben gekennzeichnete Auslegung verfallen konnte, lässt sich nur dadurch erklären, dass der Scholiast und die ihm folgten auch hier das Dichterwort lieber zum Gemeinplatz herabgezogen, statt die Situation zu Rathe zu ziehen, in der uns die Klytämnestra soeben geschildert wurde. Der Phobos war eingedrungen bis tief in den μυχὸς θαλάμου (vergl. V. 35 μυχόθεν ἔλαχε) der γυναικεῖα δώματα, also 'auch dieses für Fremde nicht zu betretende Heiligthum' der νυμφικὰ ἐδώλια bietet dem Frevler keine Rettung. Das ist aber so gut als gleichbedeutend wie wenn gesagt wäre: dem Frevler wird *nirgends* Rettung, wie dies die schon von Merkel beigebrachte Stelle des Solon El. 4, 29 B. beweist, wo es von dem δημόσιον κακόν heisst: ὑψηλὸν δ' ὑπὲρ ἕρκος ὑπέρθορεν, εὗρε δὲ πάντως, εἰ καί τις φεύγων ἐν μυχῷ ᾖ θαλάμου. Was wird nun aber aus dem verschriebenen οἴγοντι? Der Chor hatte am Schluss der vorhergehenden Strophe gesagt: die Ate hält den Schuldigen hin, bis er ganz von seiner νόσος strotze. Offenbar konnte nun nicht concinner fortgefahren werden als:

νοσοῦντι δ' οὔτι νυμφικῶν ἐδωλίων 71
ἄκος, πόροι τε u. s. w.

BPYEIN NOCOYNTI wurde in BPYEIN OIΓONTI verschrieben. Zweierlei gewinnen wir durch diese Correctur: eine genaue Verknüpfung des Gedankens und eine sorgfältige Congruenz des bildlichen Ausdrucks νόσον βρύειν — νοσοῦντι — ἄκος.

Weit schwieriger ist die Correctur der Schlussworte dieser Strophe: πόροι τε πάντες ἐκ μιᾶς ὁδοῦ | βαίνοντες | τὸν χερομυσῆ (so Pauw richtig statt χαιρομυσῆ) φόνον καθαίροντες ἰοῦσαν ἄτην. Der Gedanke freilich, der hier verlangt wird, ist klar und zum Theil schon von Scaliger und Heath ehemals erkannt: 'nicht das Frauengemach giebt Heil dem Krankenden und alle Ströme, auf gleicher Bahn dahinschreitend, würden die befleckte Hand des Mordes vergebens bespülen. Auch das Metrum hat sich uns sicher ergeben, und endlich muss auch hier die Versabtheilung des Mediceus einen wohl zu beachtenden Fingerzeig bieten. Die Kolometrie des Mediceus hätte zunächst lehren können, dass die erste (dem διαρκὴς δ' ἄτα der Strophe entsprechende) Tetrapodie mit dem auch durch die Scholien gesicherten βαίνοντες schloss, nicht aber mit dem Artikel τεν, der allerdings, wie dies schon von Keck S. 204 richtig herausgefühlt ist, logisch viel zu schwach wäre, als dass auf ihm ein ganzer Fuss ruhen könnte. Vor βαίνοντες ist also die Lücke eines Jambus anzunehmen:

πόροι τε πάντες ἐκ μιᾶς ὁδοῦ
ᴗ — βαίνοντες

u. s. w. Schon aus diesem Grunde, sieht man, ist der Hermann'sche Vorschlag abzulehnen:

διαίνοντες (so schon Lachmann) τον χερομυσῇ
φόνον καθαρσίοις ἴσιεν ἂν μάτην.

Triftig bemerkt auch Weil darüber: 'quae non recepi, quia eundi notio statim post ἐκ μιᾶς ὁδοῦ, eluendi (quae verbo διαίνειν non satis exprimi videtur) in fine sensus ante μάταν exspectatur.' Aber auch der von Weil und anderen acceptirte Einfall Bamberger's: προβαίνοντες vermag, wie man sieht, die angedeutete Lücke nicht auszufüllen. Vielleicht treffen wir mit βίᾳ das Richtige ('gewaltsam schreitend'), einem Ausdruck, der sich der kühnen Anschauung des Dichters hier glücklich einfügt und vor einem βαίνοντες dem Auge leicht entgehen konnte:

ἄκος, πόροι τε πάντες ἐκ μιᾶς ὁδοῦ
βίᾳ βαίνοντες

u. s. w.

Lassen wir das Object zunächst einen Augenblick bei Seite und suchen erst den Schluss der Strophe zu sicheren, so hätte man einen so genialen Griff wie Scaliger's ἔλουσαν μάτην (richtiger μάταν) für das überlieferte ἰοῦσαν ἄτην niemals ausser Acht lassen sollen. An dem blossen Indicativ des Aorists nahm freilich bereits Hermann mit Grund Anstoss ('aoristus enim id quod factum est indicat'): wir befinden uns hier in der Apodosis eines durch Participialconstruction (βαίνοντες s. v. a. εἰ ἔβαινον) zusammengezogenen irreal hypothetischen Satzes, d. h. wir haben mit Weil das auch durch das Metrum gebotene ἔλουσαν ἂν μάταν herzustellen. Mit Recht weist dieser Herausgeber das κλύσαιεν ἂν μάτην Bamberger's zurück 'quum ἔλουσαν ἂν propius ad Med.

scripturam accedat et indicativus aoristi potius quam optativus locum habeat in re quae fieri non potest, omnium fluminum in unum coniunctione (πάντες οἱ ποταμοὶ εἰς ἓν συνερχόμενοι schol.).'

Als sichere Basis für die weitere Herstellung ergab sich uns also bisher:

ἄκος, πόροι τε πάντες ἐκ μιᾶς ὁδοῦ
βίᾳ βαίνοντες
υ υ υ — υ — υ —
— ἔλουσαν ἂν μάταν.

An Stelle des angedeuteten Metrum findet sich nun in der Handschrift: τὸν χαιρομυσῇ (d. h. χερομυσῇ) φόνον καθαί- | ροντες. Es erhellt zunächst, dass die zweite Tetrapodie mit χερο-μυσῇ anhub entsprechend dem διαφέρει der Strophe. Den Artikel τὸν dem vorhergehenden anzureihen, verbot ein äusserer und innerer Grund zugleich: demgemäss erweckt er den dringenden Verdacht der Interpolation. Während er nicht hätte fehlen dürfen, wenn der Dichter (wie oben τὸν αἴτιον) so hier bloss τὸν χερομυσῇ geschrieben hätte, ist er dagegen günzlich überflüssig in der Verbindung von χερομυσῇ φόνον. Für Schwachgläubige mögen hier der Kürze wegen die kaum übertriebenen Worte Heimsoeth's stehen Wiederherst. S. 285: 'Dieses Zusetzen des Artikels von Seiten der Erklärung ist, um dies bei Gelegenheit anzumerken, eine überaus reiche Quelle von Verderbnissen gewesen. Man muss die unermüdliche Regelmässigkeit, womit der Artikel in den Handschriften über die Zeile geschrieben wurde, mit Augen gesehen haben, um begreiflich zu finden, wie häufig sich die Artikel unrechtmässig in den Text eingedrängt haben.' Es bliebe jetzt nur noch übrig, für das überlieferte καθαίροντες das Richtige einzusetzen. Diese Lesart ist entweder unter dem Einflusse von βαίνοντες entstanden, oder (was vielleicht Manchen probabler erscheint) als Glossem des Dichterwortes zu betrachten. Dass aber letzteres nicht mit καθαρσίοις, wie man gewöhnlich mit Hermann schreibt, gewonnen ist, lehrt das Metrum. Aber es giebt ein Wort, das sich sowohl dem Metrum als dem Gedanken hier auf's Beste einordnet und auch sonst bei den Tragikern gern

mit λούειν, νίζειν und ähnlichen Verben verbunden wird —
καθαρμός. Wir schreiben demgemäss die Stelle:
ἄκος, πόροι τε πάντες ἐκ μιᾶς ὁδοῦ
βίᾳ βαίνοντες
χερομυσῆ φόνον καθαρ —
μοῖς ἔλουσαν ἄν μάταν.

D. h. 'und alle Ströme, auf der gleichen Bahn gewaltsam
schreitend, den Mord der die Hand befleckt hat, würden sie
mit ihrer Reinigungsfluth umsonst bespülen.' Sehr verwandt
mit der unsrigen ist die Stelle Sieb. 734 ff. ἐπειδὰν αὐτοκτόνως |
αὐτοδάϊκτοι θάνωσι, | καὶ γαῖα κόνις πίῃ | μελαμπαγὲς αἷμα
φοίνιον, | τίς ἄν καθαρμοὺς πόροι, | τίς ἄν σφε λού-
σειεν; Man vergleiche auch Soph. O. R. 1227 οἶμαι γὰρ
οὔτ᾽ ἄν Ἴστρον οὔτε Φᾶσιν ἄν | νίψαι καθαρμῷ τήνδε τὴν
στέγην u. s. w. Dem hohen Sinne des Aeschylus war eine so
grandiose Anschauung besonders wahlverwandt: abgeschwächt,
weil mit besonderer Beziehung auf die χοαί der Klytämnestra
gesagt, findet sich noch einmal derselbe Gegensatz Vers 519 ff.,
wo Orestes sagt: οὐκ ἔχοιμ᾽ ἄν εἰκάσαι τάδε | τὰ δῶρα, μείω
δ᾽ ἐστὶ τῆς ἁμαρτίας. | τὰ πάντα γὰρ τις ἐκχέας ἀνθ᾽ αἵμα-
τος | ἑνός, μάτην ὁ μόχθος. Schliesslich noch ein Wort über
ein Bedenken, das Keck gegen πόροι τε πάντες geltend machte.
Das blosse πόροι wäre hier dem Griechen im Sinne von ποταμοί nicht verständlich gewesen. Dagegen ist zu sagen, dass der
Dichter für die richtige Beziehung dieses poetisch verallgemei-
nerten Ausdrucks sowohl durch das ἐκ μιᾶς ὁδοῦ βαίνοντες als
besonders durch den Begriff des λούειν gesorgt hat: so war er
eines explicativen Attributs wie ῥυτοί, ποταμῶν oder dergleichen überhoben, und der Scholiast wie auch Hesychius erklären nun πόροι kurzweg mit ποταμοί. Die Conjecturen, die hier
Keck als wahrscheinlich 'andeutet,' übergehen wir, da sie von
einer Voraussetzung ausgehen, die wir nicht zur unsrigen machen können, von der Voraussetzung nämlich, der Urcodex sei
hier 'so furchtbar' beschädigt gewesen, dass jeder Weg und
Steg der Ueberlieferung verschwunden sei.

Dieselbe Voraussetzung scheint auch Heimsoeth getheilt
zu haben. Eine Umdichtung, keine 'Wiederherstellung' können
wir in dem Vorschlage erkennen (Wiederherst. S. 276):

πόροι τε πάντες ἐκ μιᾶς ὁδοῦ
διαίνοντες τὸν χερομυσῆ καθαρσίοις
πόνον πονοῖεν ἂν μάταν.

Hinsichtlich der Epode (V. 75—83), deren Stellung zu
dem Ganzen des Chorliedes wir in der einführenden Ue-
bersicht andeuteten, müssen wir uns auf wenige Bemerkun-
gen meist abwehrender Art beschränken: eine evidente Lösung der Schwierigkeiten in Vers 78 ff. wollte uns so wenig
als früheren bisher gelingen.

Den Beginn der Strophe d. h. die grosse Parenthese
V. 75—78 lautet handschriftlich:

ἐμοὶ δ' — ἀνάγκαν γὰρ ἀμφίπτολιν   75
θεοὶ προσήνεγκαν· ἐκ γὰρ οἴκων
πατρῴων δούλιον ἐσ ἄγον αἶσαν —
δίκαια καὶ μὴ δίκαια

u. s. w. Den Vorschlag Hartung's *ἀμφ' ἄπτολιν* statt des un-
klaren *ἀμφίπτολιν* hätte wohl auch Dindorf der Erwähnung für
werth erachten sollen: dieser malerische Gebrauch der Prä-
position *ἀμφ' ἄπτολιν* — *προσήνεγκαν* entbehrt, wie schon
andere vor uns bemerkten, keineswegs genügender Analogie.
Auch Hermann's *πατρῴων* (richtiger Heimsoeth *πατρωίων*)
τάνδ' ἐσᾶγον αἶσαν (statt des unmetrischen *πατρῴων δούλιον
ἐσ ἄγον αἶσαν*) halten wir für methodisch gut begründet, zumal wenn *ἄπτολιν* vorausgeht. Keck wendet zwar ein, dass
τάνδ' — αἶσαν unverständlich sein würde, da ja die Frauen
noch nirgend erwähnt, dass sie Sclavinnen seien. Aber es
ging dies ebenso aus dem Anfang der Parodos wie auch aus
dem Schluss der Epode, den Keck freilich sehr willkührlich
ändert, deutlich genug hervor. Zudem wird die Tracht und
Haltung der *γυναῖκες* (gegenüber der Elektra) dem Zuschauer
von vornherein keinen Zweifel über ihre Stellung gelassen
haben. Jedenfalls macht *δούλιον* weit eher den Eindruck
des Glossems als das gewähltere *αἶσαν*, das Keck (nach dem
Vorgange von Ahrens) tilgen wollte, um statt *δούλιον* ein
δουλίαν einzusetzen. In den folgenden Versen (*ἐμοὶ δ' —*)

δίκαια καὶ μὴ δίκαια
πρέπον τ' ἀρχὰς βίου,

βίᾳ φερομένων αἰνέσαι, πικρὸν φρενῶν   80
στύγος κρατούσῃ

ist die Willkühr, mit der Hermann und Rossbach diese
Stelle behandelten, man darf wohl jetzt sagen, allgemein
verurtheilt. Von gründlicher Einsicht zeugen die Gegenbe-
merkungen Heimsoeth's Wiederherst. S. 292, der zumal die
Worte δίκαια καὶ μὴ δίκαια gegen ferneres Antasten gesichert
hat. Aber auch in der Heimsoeth'schen Fassung (δίκαια καὶ μὴ
δίκαι- | α πρέπον τύχας βίου | βίᾳ φερομένων αἰνέσαι, πικρον
φρενῶν u. s. w.) bleiben der Bedenken gar manche zurück.
Vor allem wartet die Wendung τύχας βίου φέρεσθαι in der
Bedeutung 'die Geschicke des Lebens führen' noch der Er-
härtung durch sichere Belege, um von dem Trimeter am
Schluss zu schweigen. Keck will δίκαια καὶ μὴ δίκαι- | α
πρέπον τέλη βίου | βίᾳ μενῶν αἰνέσαι — aber die Glossirung
von τέλη durch ἀρχαί wird durch kein schlagendes Beispiel
nachgewiesen (vergl. S. 213) und βίᾳ φερομένων als 'ganz be-
ziehungslos' fallen gelassen. Leichteren Kaufs findet sich
H. Schmidt ab Eurhythmie S. 210 f.: mit Aufnahme einiger
sehr gewagter Hartung'scher Vorschläge schreibt er: ἐκ γὰρ
οἴκων | πατρῴων δουλίαν ἐσᾶγον | αἶσαν, δίκαια καὶ τὰ μὴ
δίκαια | πρέποντ᾽ ἀρχετᾶν βίᾳ | φερομένων αἰνέσαι | πικρὸν
φρενῶν στύγος κρατούσῃ | und übersetzt: vom Vaterhause
her (?) brachten mir die Götter das Loos einer Sclavin, ge-
rechte wie ungerechte Handlungen der gewaltthätig verfah-
renden Herrscher als geziemend darzustellen.' Dass das hier
angenommene epexegetische Verhältniss des Infinitivs αἰνέσαι
zu αἶσαν wegen des vorhergehenden ἐκ γὰρ οἴκων πατρῴων
sehr unwahrscheinlich ist, dass die Parenthese dadurch aufgehoben wird und das voranstehende ἐμοὶ δ᾽ völlig in der
Luft schwebt, dass δουλίαν αἶσαν εἰσάγειν τινί schwerlich
griechisch ist, verschlägt nichts — 'die Eurhythmie ist ganz
vorzüglich.'

2. Die Rede der Elektra an die Dienerinnen
(V. 84 — 105).

Elektra fragt die Frauen in längerer Anrede um ihren
Rath, wie sie sich des ihr gewordenen Auftrags entledigen solle:

τύφω δὲ χίουσα τάσδε κηδείους χοὰς
πῶς εὔφρον' εἴπω, πῶς κατεύξωμαι πατρί;
πότερα λέγουσα παρὰ φίλης φίλῳ φέρειν
γυναικὸς ἀνδρί, τῆς ἐμῆς μητρὸς πάρα;   90
τῶνδ' οὐ πάρεστι θάρσος, οὐδ' ἔχω τί φῶ,
χίουσα τόνδε πέλανον ἐν τύμβῳ πατρός.
ἢ τοῦτο φάσκω τοὔπος, ὡς νόμος βροτοῖς
ἴσ' ἀντιδοῦναι τοῖσι πέμπουσιν τάδε
στέφη, δόσιν γε τῶν κακῶν ἐπαξίαν;   95
ἢ σῖγ' ἀτίμως, ὥσπερ οὖν ἀπώλετο
πατήρ, τάδ' ἐκχέασα, γάποτον χύσιν,
στείχω, καθάρμαθ' ὥς τις ἐκπέμψας πάλιν
δικοῦσα τεῦχος ἀστρόφοισιν ὄμμασιν;
τῇσδ' ἐστὲ βουλῆς, ὦ φίλαι, μεταίτιαι.   100

So liest man jetzt, abgesehen von V. 87, wo ich die Lesart
des Mediceus mittheilte, bei Dindorf nach einer Anzahl sicherer Correcturen (V. 88 κατεύξωμαι Turnebus statt κατεύξομαι,
V. 92 πέλανον statt πελανὸν, V. 94 ἴσ' Bamberger statt ἔστ΄,
V. 95 γε Stanley für τε, V. 97 ἐκχέασα Dindorf statt ἐκχέουσα).
In V. 87 ist τύφω überliefert 'adscripto ab manu antiqua,
sed non διορθωτοῦ, οἶμαι τύμβῳ', und so halten einige τύμβῳ
χίουσα (das δὲ ist von Turnebus richtig getilgt), andere mit
Stanley τάφῳ χ., Ahrens endlich und andere τί φῶ χ. für das
Wahre: aber erst die sorgfältige Betrachtung der übrigen Verse
wird uns in der Wahl nicht mehr zweifelhaft sein lassen.

Elektra hält, wie man sieht, drei Fälle für denkbar:
Soll ich die Spende im Sinne der Mutter darbringen und da-
durch den Groll des Todten versöhnen helfen (V. 89—90)?
Oder soll ich ihn wach rufen und flehen, dass er gleiches ver-
gelten möge (V. 93—95)? Oder soll ich endlich schweigend
und abgewandten Blicks die Spende ausgiessen (V. 96—99)?
Behält man diese drei Fälle im Auge, so muss es im hohen
Grade auffallen, wie der Dichter unmittelbar vor der zweiten

Möglichkeit (ἤ τοῦτο φάσκω τοὔπος u. s. w.) die einen weiteren
Fall gleichsam abschneidenden Worte einfügen konnte V. 91
und 92:

τῶνδ' οὐ πάρεστι θάρσος, οὐδ' ἔχω τί φῶ,
χέουσα τόνδε πέλανον ἐν τύμβῳ πατρός.

Wenn nun Heimsoeth Wiederherst. S. 210 mit οὖ δ' ἔχω τί
φῶ (dazu fehlt mir der Muth, ich weiss aber auch wieder
nicht u. s. w.) nachhelfen will, so leuchtet ein, dass dadurch
die Schwierigkeit eher vermehrt als vermindert würde. Weil
.schlug einen anderen Weg ein: er gab den beiden Versen
eine abschliessende Stelle nach dem zweiten Falle hinter
Vers 95, so dass dann nach οὐδ' ἔχω τί φῶ u. s. w. unmittelbar fortgefahren würde: ἢ σῖγ' ἀτίμως u. s. w. 'Sic enim
procedit Electrae deliberatio. Quid dicam? Placemne matri
patris manes? An iratos faciam? Neutrum audeo nec quid
dicam habeo. An silentio potius rem peragam?' Sieht man
aber genauer zu, so ist auch damit die Stelle nicht völlig in
Ordnung. Wäre nämlich Elektra nach Erwägung der beiden
ersteren Möglichkeiten bereits zu dem Resultate οὐδ' ἔχω τί
φῶ gekommen, so würden wir den letzten, übrig bleibenden
Fall entweder überhaupt nicht mehr in Form der Frage (und
dies wäre das Natürlichste gewesen) oder doch mit einer ab-
schliessenden Partikel (οὖν oder dergleichen: 'an igitur silentio
potius rem peragam?') erwarten.

Wiederum anders entschied sich Otto Sievers in den
Acta societ. phil. Lips. tom. I fasc. 2 p. 392: auch wegen der
Wiederholung von χέουσα aus V. 87 seien beide Verse als
einem Interpolator angehörig zu tilgen. Dieses Urtheil schoss
über das Ziel hinaus, aber es enthält doch ein Stück Wahrheit.
Der Dichter schrieb (wir schliessen die späteren Zusätze in
Klammern):

πότερα λέγουσα παρὰ φίλης φίλῳ φέρειν
γυναικὸς ἀνδρί, τῆς ἐμῆς μητρὸς πάρα;   90
τῶνδ' οὐ πάρεστι θάρσος[, οὐδ' ἔχω τί φῶ,
χέουσα τόνδε πέλανον] ἐν τύμβῳ πατρός.
ἢ τοῦτο φάσκω τοὔπος u. s. w.

Jetzt werden wir auch über Vers 87 mit einiger Sicherheit urtheilen können: man las ehemals nicht τάφῳ, nicht
τύμβῳ χέουσα, sondern τί φῶ χέουσα τάσδε κηδείους χοάς, πῶς

εὔφρον'· εἶπω u. s. w.: denn diesem Verse, als der zunächst liegenden Quelle (auch Vers 118 beginnt mit *τί φῶ;*), hat der Interpolator sein *τί φῶ χέουσα* entnommen.

3. Das Gebet der Elektra am Grabe des Vaters
(Vers 124 a — 151).

Nachdem Elektra den *Ἑρμῆς χϑόνιος* um Erhörung und Beistand angefleht, giesst sie die Spende —

κἀγὼ χέουσα τάσδε χέρνιβας φϑιτοῖς
λέγω καλοῦσα, "πάτερ, ἐποίκτειρόν τ' ἐμὲ   130
φίλον τ' Ὀρέστην πῶς ἀνάξομεν δόμοις.

πεπραμένοι γὰρ νῦν γέ πως ἀλώμεϑα
πρὸς τῆς τεκούσης, ἄνδρα δ' ἀντηλλάξατο
Αἴγισϑον, ὅσπερ σοῦ φόνου μεταίτιος
κἀγὼ μὲν ἀντίδουλος· ἐκ δὲ χρημάτων   135
φεύγων Ὀρέστης ἐστὶν, οἱ δ' ὑπερκόπως
ἐν τοῖσι σοῖς πόνοισι χλίουσιν μέγα.

Auch hier haben wir die völlig zweifellosen Correcturen, wie billig, gleich in Text gesetzt und verweisen wir nur auf Dindorf hinsichtlich *φϑιτοῖς — πεπραμένοι — ἀλώμεϑα — φεύγων — πόνοισι — μέγα*. Ungelöst aber ist die Schwierigkeit in Vers 130 und 131: das *πῶς ἀνάξομεν δόμοις* schwebt noch immer in der Luft. Wie auffallender Weise so oft gerade in diesem Stücke, hat zunächst G. Hermann auch hier das Richtige verfehlt:'non possunt probari coniecturae, quae de his versibus a me ipso olim aut ab aliis prolatae sunt. Exciderunt aliquot versus, quum librarius ab uno versu, cuius hoc erat initium, *φίλον τ' Ὀρέστην*, ad idem alius versus initium aberrasset. Scripsi igitur

ἄγὼ χέουσα τάσδε χέρνιβας φϑιτοῖς
λέγω, καλοῦσα πατέρ, ἐποικτείροντ' ἐμὲ
φίλον τ' Ὀρέστην . . . .
. . . .
φίλον τ' Ὀρέστην πως ἀνάξομεν δόμοις.

Iubeo patrem, mei carique Orestis misertum, (providere ut vincamus) carumque Orestem aliquo modo in domum reduca-

3 *

mus'. Da gleich darauf in V. 134 (ὅσπερ σοῦ φόνου μεταίτιος)
Agamemnon selbst angeredet wird, so wird das V. 130 im
Mediceus überlieferte πατέρ' ohne Zweifel nur aus dem Voca-
tiv verderbt sein, wie dies schon im Guelferbytanus richtig
corrigirt ist. Sehr unwahrscheinlich ist ferner die Annahme,
durch welche Hermann das Eintreten der Lücke zu erklären
sucht: dass nämlich das Hemistichium φίλον τ' 'Ορέστην innerhalb dreier Verse zweimal vorgekommen wäre. — Die Schwierigkeit in der Structur der Worte πῶς ἀνάξομεν δόμοις scheint
Mehler ganz übersehen zu haben, wenn er Mnemos. VI p. 97
vorschlägt: ἀγὼ χέουσα τάσδε χέρνιβας βροτοῖς | λέγω, καλοῦσα
πατέρ', ἐποικτείρειν τ' ἐμὲ | φίλον τ' 'Ορέστην, πῶς ἀνάξομεν
δόμοις (fer opem, Herme, deos inferos compellando, et Ter-
ram ipsam, ut preces exaudiant, quibus patrem imploro, ut
miseretur memet ipsam fratremque). Als geistreich mag man
Schneidewin's φῶς τ' ἀνάψον ἐν δόμοις anerkennen, aber bei
alledem ist diese Vermuthung erweislich falsch. Schon Weil
wendet sehr triftig ein: 'versum sequentem reputanti non dubium videbitur, quin fratris exulis reditum a patris manibus
Electra expetat. Ut omnem scrupulum eximam, afferam Solo-
nis (frg. 35, 6 Bergk.) locum similem πολλοὺς δ' 'Ἀθήνας,
πατρίδ' εἰς θεόκτιτον, ἀνήγαγον πραθέντας'. Mit rück-
sichtslosem Ausdruck wird Schneidewin von Heimsoeth ab-
gefertigt Wiederherst. S. 129: 'Unbegreiflicher Weise hat
auch in dem Gebete der Elektra V. 131 die Conjectur φῶς
τ' ἀνάψον ἐν δόμοις so grosses Glück gemacht, *als wenn allgemeine schöne Redensarten in ein äschylisches Gebet der Art
gehörten*.' Schon dieses Urtheil, dem ein gesundes Gefühl zu
Grunde liegt,. hätte N. Wecklein (Philologus Jahrg. 1872 S. 184)
bedenklich machen sollen, wiederum den Gedanken durch
eine (wenn auch einer anderen Anschauung entnommene) Me-
tapher gleichsam dem concreten Boden zu entrücken: ἐποί-
κτειρόν τ' ἐμὲ | φίλον τ' 'Ορέστην· πεῖσμ' ἄναψον ἐν δόμοις
(soll heissen: knüpfe ein Halteseil an im Hause für unser
irrendes Schifflein) — abgesehen davon, dass der zwischen
ἀνάξομεν δόμοις und πεπραμένοι waltende Gegensatz wiederum
verloren gehen würde. Es handelt sich in der That hier um
Wünsche sehr realer Art. Elektra stellt die Summe ihres

Gebetes — die Bitte um ihr eignes Wohl und um die Rückführung des Orestes — in lebhaft dringendem Tone an die
Spitze, gleichsam als das Motto der nun folgenden individualisirenden Ausführung. Bereits Klausen hat dies mit feinem
Gefühl erkannt Comment. p. 101: ʽmonet imperativus praefracte
introductus primo impetu profiteri Electram ea, quae volvit
in animo, directa appellatione et quam possit brevissime.
Postea demum sedatius et ampliore oratione precatur.' Aber
es lässt sich der Handschrift noch ungleich näher kommen,
als dies Blomfield mit dem gedanklich richtigen φίλον τ' 'Ορέ
στην πως ἄναξον ἐς δόμους gelungen ist.

Wir bedürfen zur Stütze der an sich völlig tadellosen
Worte πῶς ἀνάξομεν δόμοις eines zweiten Imperativs und zwar
des Aorists, wie ἐποίκτειρον zeigt. ἐποίκτειρόν τ' lässt ferner
mit Sicherheit schliessen, dass die beiden Imperative mit τί
— τί verknüpft waren: so werden wir auf φίλον τ' als auf
den Sitz der Verschreibung hingewiesen. Der Kundige bedarf jetzt nur der Erinnerung, dass der Dichter schrieb:

πάτερ, ἐποίκτειρόν τ' ἐμὲ 130
φῆνόν τ' 'Ορέστην πῶς ἀνάξομεν δόμοις.

Dass man auf eine so leichte nnd sinngemässe Aenderung,
die zudem durch die weitere Ausführung im folgenden (V.
142 f. τοῖς δ' ἐναντίοις | λέγω φανῆναί σου, πάτερ, τιμάορον
u. s. w.) ihre Bestätigung erhält, aicht schon längst verfiel,
mag höchstens der Umstand erklären, dass man sich den
zwar selteneren aber völlig verbürgten Gebrauch von πῶς in
der indirecten Frage nicht gegenwärtig hielt: Eum. 677 μένω
δ' ἀκοῦσαι πῶς ἀγὼν κριθήσεται, Soph. OC. 1711 οὐδ' ἔχω
πᾶς μὲ χρὴ τὸ σὸν τάλαιναν ἀφανίσαι τοσόνδ' ἄχος, Trach. 991
οὐ γὰρ ἔχω πῶς ἂν στέρξαιμι κακὸν τόδε λεύσσων.

Hinsichtlich der öfters besprochenen Verse 145 und 146

ταῦτ' ἐν μέσῳ τίθημι τῆς κακῆς (καλῆς Bothe) ὁρᾶς, 145
κείνοις λέγουσα τήνδε τὴν κακὴν ἀράν

unterschreiben wir die Worte Dindorf's: ʽseclusi versus spurios, quorum priorem notaverat Franckenus in Miscell. philol.
Batavorum (Trai. 1854) p. 87, alterum Bothius' im Gegensatze zu Heimsoeth Wiederherst. S. 129. Auch Mehler a. a.
O. p. 100 spricht sich sehr energisch für die Athetirung we-

nigstens des zweiten dieser Verse aus. Nur wird man dem dort ausgesprochenen Grundsatze nicht beitreten wollen: Tam manifestae interpolationis *quid iuvaret in causam inquirere*, quae complures cogitari possunt. Im Gegentheil: jo probabler der Grund, um so glaubhafter die Interpolation. Wir haben es hier aber meiner Ansicht nach mit den (später ohne Mühe versificirten) Worten eines Scholiasten zu thun, der zu den Versen 142—144 die richtige Bemerkung gemacht hatte — vielleicht fand er in einer früheren Ekdosis ein auf die Stellung bezügliches, kritisches Semeion vor — (ὅτι) ταῦτα ἐν μέσῳ τίϑησι τῆς καλῆς ἀρᾶς u. s. w. Man mag sich hier der kunstverständigen Notiz eines offenbar alten Scholions zu Eum. 47 erinnern: οἰκονομικῶς δὲ οὐκ ἐν ἀρχῇ διώκεται 'Ορέστης, ἀλλὰ τοῦτο ἐν μέσῳ τοῦ δράματος κατατάττει, ταμιευόμενος τὰ ἀκμαιότατα ἐν μέσῳ. Aber auch abgesehen von solchen Analogien, ist es nicht in der That auffallend genug, dass die Verse 142—144 (der Rächer möge erscheinen und die Mörder mögen ihre Schuld büssen) gerade an dieser Stelle mitten in die Wünsche der Elektra für sich und ihren Bruder eingeschaltet werden? Mehler bemerkt sehr richtig a. a. O. p. 101: 'non potest non offendere, quod Electra, quum vs. 142 precibus pro se ipsa fratreque effusis finem fecerit verbis ἡμῖν μὲν εὐχὰς τάσδε, iisque manifesto imprecationem contra hostes τοῖς δ' ἐναντίοις λέγω φανῆναι κτί. opposuerit, hisce post paucos versus suae ipsius salutem patris curae commissam iisdem verbis ἡμῖν δὲ πομπος ἴσϑι, denuo opponat'. Sehr wohl thut freilich Mehler daran, wenn er hinzufügt: Indicasse sufficiat quid sentiam, *ulterius progredi in praesenti non audeo*. Nichts würde nämlich verkehrter sein, als hier etwa eine Verderbniss vorauszusetzen. Elektra stellte, wie wir sahen, das was ihr am meisten am Herzen liegt (den Wunsch für ihr eignes Wohl und die Rückkehr des Bruders) mit Nachdruck an die Spitze. Nachdem nun diese beiden Momente im Einzelnen dem Vater nahe gelegt sind, und sie auch den Feinden den Untergang erfleht hat, da entspricht es ganz dem noch episch gehaltenen Tone Aeschyleischer Beredtsamkeit, dass sie am Schluss noch einmal zum Anfange zurückkehrt und nun das Ganze nicht mit dem Wunsche nach dem Eintreffen der Rache, sondern mit

der Bitte um Heil für sich und den Bruder abschliesst. —
Nachdem wir die Veranlassung der Interpolation von V. 145
und 146 beleuchteten, wird es nicht zu kühn sein, auch eine
weitere Verderbniss mit ihrem Eindringen in Verbindung zu
bringen. Wenigstens hat uns (wie auch Dindorf) die Darlegung Weil's überzeugt, dass nach Vers 144 *καὶ τοὺς κτα-
νόντας ἀντικατθανεῖν δίκην* die Lücke eines Verses zu sta-
tuiren sei, dessen Sinn etwa gewesen: *τίνοντας ὧν ἔδρασαν
ἀξίαν κακῶν.* Nicht unwahrscheinlich also, dass dieser Ausfall gerade durch das unbefugte Eindringen von 145 und 146
veranlasst wurde.

Das folgende, die Handlung unmittelbar berührende
Lied des Chors (V. 152—163), über das wir gleich hier eine
kurze Bemerkung anfügen, weist in seiner engeren Begren-
zung etwa dieselbe Composition auf, welche wir bei der Parodos im Grossen beobachten konnten. Die Choephoren, die
als Sclavinnen gezwungen sind, das Gebot ihrer Herrin zu
erfüllen, entledigen sich ihres Auftrages zunächst in mehr
äusserlich officieller Trauer, freilich nicht ohne auch schon
hier ihrem Abscheu Ausdruck zu geben (*ἄγος ἀπεύχιτον*). Nachdem aber die anbefohlene Handlung verrichtet ist (*κεχυμένων
χοᾶν*), da bricht der mühsam zurückgehaltene Groll in doppelt
leidenschaftlicher Gluth hervor. Characteristisch befreit sich
die gequälte Brust in der langgedehnten Interjection *ὀτοτο-
τοτοτοτοτοῖ.* Der sehnliche Wunsch, dass der Befreier erscheinen möge, lässt sie schon den Lanzen- und Schwerter-
Kampf ausmalen, der die Rache und Befreiung vollenden soll.
— Dieses Lied hat die eindringliche Kritik Heimsoeth's mit
Verständniss zergliedert, und jeder weitere Versuch hat von
den Darlegungen Wiederherst. S. 130 ff. auszugehen.

S. 134 bemerkt Heimsoeth sehr richtig, dass die Worte
κεχυμένων χοᾶν (V. 156) nicht zu dem ersten, sondern zu dem
zweiten Satze zu ziehen sind. Tempus und Stellung weisen
darauf in gleicher Weise hin. Die schwer verderbten Verse 156 f.

*κεχυμένων χοᾶν· κλῦε δέ μοι κλύε
σιβάσω δέσποτα ἐξ ὀμαυρᾶς φρενός*

werden hergestellt:

κεχυμένων χοὰν δὲ κλύε μοι καλού-
σᾳ σ᾽, ὦ δέσποτ᾽, ἐξ ἀμαυρᾶς φρενός.

Das *καλούσᾳ* beruht auf der Einsicht, dass auch bei der von
Bamberger vorgeschlagenen Umstellung *κλύε δέ μοι σέβας |*
κλι᾽᾽, ὦ δέσποτ᾽, ἐξ ἀμαυρῖς φρενός den letzteren Worten das
geeignete Mittelglied fehlt, welches sie richtig auf die
Sprechenden zurückführte.᾽ Dass auch *σέβας* dieses Mittelglied nicht abgeben kann, d. h. dass man nicht *σέβας ἐξ*
ἀμαυρᾶς φρενός verbinden kann, wie Hermann wollte (audi
vero mihi reverentiam [i. e. preces], audi, domine, ex tene-
broso corde), wird man ebenfalls zugeben müssen: nur
war vielleicht *σέβας* zum Ausgangspuncte der Correctur zu
nehmen:

κεχυμένων χοὰν δὲ κλύε μοι σεβού-
σᾳ σ᾽, ὦ δέσποτ᾽, ἐξ ἀμαυρᾶς φρενός.

Das *σέβειν*, die Verehrung gegen den gemordeten Herrscher,
kommt aus schmerzumdunkelten Herzen: vergl. Agam. V. 546
ὡς πόλλ᾽ ἀμαυρᾶς ἐκ φρενός μ᾽ ἀναστένειν.

---

4. Die Rede der Elektra nach dem Auffinden der Locke
(V. 183—211).

Elektra fürchtet, dass nur die Hoffnung ihr schmeichle,
wenn sie in der Locke ein Lebenszeichen des Orestes erblicke.
In ihren Zweifeln ruft sie aus V. 195 ff.:

φεῦ ·
εἴθ᾽ εἶχε φωνὴν ἔμφρον᾽ ἀγγέλου δίκην,   195
ὅπως δίφροντις οὖσα μὴ ᾽κινυσσόμην,
ἀλλ᾽ ἢ σάφ᾽ ἦν μοι τόνδ᾽ ἀποπτύσαι πλόκον,
εἴπερ γ᾽ ἀπ᾽ ἐχθροῦ κρατὸς ἦν τετμημένος,
ἢ ξυγγενὴς ὢν εἶχε συμπενθεῖν ἐμοί,
ἄγαλμα τύμβου τοῦδε καὶ τιμὴν πατρός.   200

Nägelsbach's höchst gezwungene Erklärung von *εἶχε συμπενθεῖν*
ἐμοί, ebenso Weil's Versuch (᾽aut si cognatus esset, *locum*
mihi daret una cum eo lugendi in huius tumuli ornamentum

.et honorem patris') sind von I. Müller Observ. crit. in Aesch.
Choeph. (Erlangae 1867) p. 3 eingehend zurückgewiesen, wie
auc!: schon Hermann's Wink ('ἔχω συμπενθεῖν non potest dici
nisi ab eo qui materiam habet lugendi') Weil hätte vorsichtig
machen sollen. Daraus folgt auch, dass εἶχε nicht im Sinne
von ἐδύνατο gesagt sein kann. Müller selbst vermag sein
ἢ ξυγγενὴς ἤνεγκε (statt ὢν εἶχε) u. s. w. nur durch den Hinweis auf die αὐστηρὶ ἁρμονία des Aeschylus zu rechtfertigen:
die Concinnität der chiastisch geordneten Glieder (ξυγγενὴς
ὢν muss doch dem vorhergehenden εἶπερ γ' ἀπ' ἐχθροῦ κρατὸς
ἦν τετμημένος und εἶχε συμπενθεῖν ἐμοὶ dem σάφ' ἦν μοι τόνδ'
ἀποπτύσαι πλόκον entsprechen) würde völlig geopfert werden.
Dasselbe gilt von Schiller's ἢ ξυγγενὴς ὢν εἶσε συμπενθεῖν ἐμοὶ,
selbst einmal zugegeben, dass die hier angenommene Bedeutung
von εἶσα sich nachweisen liesse. Wir glauben, das Richtige ist:
    ἀλλ' ἢ σάφ' ἦν μοι τόνδ' ἀποπτύσαι πλόκον,
    εἶπερ γ' ἀπ' ἐχθροῦ κρατὸς ἦν τετμημένος,
    ἢ ξυγγενὴς ὢν ἔτυχε συμπενθῶν ἐμοὶ,
    ἄγαλμα τύμβου τοῦδε καὶ τιμὴν πατρός.   200
d. h. 'entweder dass es sicher wäre, dieses Gelock zu verab-
scheuen, wenn anders es von Feindeshaupt geschnitten wäre,
oder, wenn es mir verwandt, dass es mit mir trauerte, zur Zierde
dieses Grabhügels und zur Ehre des Vaters.' Elektra gebraucht
absichtlich den Ausduck ἔτυχε συμπενθῶν ἐμοὶ — 'dass es sich
träfe, dass die Locke mit mir zugleich trauerte,' wobei der Nachdruck auf dem συμπενθῶν ἐμοὶ liegt: denn der Spender des
πλόκος konnte ihn wohl zum πενθεῖν, nicht aber zum συμπενθεῖν
bestimmt haben, da er von der Aussendung der Elektra und der
Frauen keine Kunde hatte. Vergl. Choeph. V. 688 ff. εἰ δὲ
τυγχάνω | τοῖς κυρίοισι καὶ προσήκουσιν λέγων, | οὐκ οἶδα 'ob
es sich aber trifft, dass ich dieses — sage, weiss ich nicht,
und sonst. ἔτυχε ist in εἶχε verschrieben wohl in Erinnerung
an das kurz vorhergehende εἶθ' εἶχε φωνήν (V. 195). Ueber
den Accusativ ἄγαλμα — τιμὴν verweisen wir auf Hermann.
    Hinsichtlich der Verse 201—204 ἀλλ' εἰδότας μέν u. s. w.
bemerken wir nur, dass für uns Heimsoeth's Erörterung (gegenüber, Weil's Umstellung und Hermann's Vertheilung an den
Chor) völlig überzeugend ist (Wiederherst. S. 173), wie wir

auch seiner Analyse der folgenden Verse beitreten (vgl. S. 174):
nur hat der Einfall *τάν οἶδ' ὅμοιοι* (V. 206 statt *ποδῶν ὅμοιοι*
u. s. w.) einen nur sehr geringen Grad von Wahrscheinlichkeit. Vor V. 209 setzte Hermann eine Lücke an. Nun findet zwar das Asyndeton in *πτέρναι τενόντων ϑ' ὑπογραφαὶ*
u. s. w. in unsren Augen (vgl. Heimsoeth a. a. O. und Müller
in der angeführten Schrift p. 6) durch die dramatische Action
seine volle Berechtigung, aber wie steht es mit den boiden
vorhergehenden Versen, die Rossbach Comment. p. 15 gänzlich
zu entfernen suchto:

καὶ γὰρ δύ' ἐστὸν τώδε περιγραφὰ ποδοῖν,
αὐτοῦ τ' ἐκείνου καὶ συνεμπόρου τινός; ·

Müller a. a. O. p. 6 lässt die Elektra argumentiren: 'en vestigia pedum meis prorsus similia. *Nam vel* (*καὶ γὰρ*) *duae*
sunt pedum circumscriptiones, una illius, altera comitis. Inde
eo manifestior fit pedum illius cum meis similitudo.' Dann
würde man aber wenigstens *καὶ δύο γὰρ ἐστὸν* u. s. w. erwarten: das metrisch unbetonte, elidirte *δύ'* würde die Hervorhebung, welche die Ueberaetzung mit 'nam vel duae' (statt
'etenim duae') verlangte, nicht ertragen. Doch auch so bliebe
die Annahme einer Lücke für den Schlussgedanken: inde eo
manifestior fit pedum illius cum meis similitudo, offen.

---

5. Die Begrüssungsscene der Geschwister am Grabe des Vaters und ihr Gebet zu Zeus

(V. 212—268).

Mit den beiden Versen 212—213 verkündigt der aus
seinem Versteck hervortretende Orestes der Elektra, dass
ihre Bitte bereits erfüllt ist: *εὔχου τὰ λοιπὰ — τυγχάνειν*
καλῶς. Die Bestürzung und Verwunderung lässt die Elektra
einen Augenblick schweigen, worauf sie mit der kurzen Frage
V. 214 *ἐπεὶ τί νῦν ἕκατι δαιμόνων κυρῶ;* die der Situation
hier so angemessene Stichomythie einleitet. Nach längerem
Zweifeln, das Orestes zu entkräften sucht, fragt sie endlich
V. 224 noch immer unüberzeugt: *ὡς ὄντ' Ὀρέστην ἄρα σ' ἐγὼ*
προσεννέπω; und Orestes erwidert nicht ohne Vorwurf *αὐτὸν*

μὲν οὖν ὁρῶσα δυσμαθεῖς ἐμέ, indem er die Stichomythie abschliesst. Letzteres ist, was schwer begreiflich, bisher unbeachtet geblieben. Die Stichomythie ist durch Elektra (V. 214) eingeleitet, sie muss also durch Orestes geschlossen werden (V. 225). Nach Vers 225. haben wir uns also eine kurze Pause zu denken, worauf dann Orestes in längerer Rede (V. 226 κουρὰν δ' ἰδοῦσα u. s. w.) die Zweifelnde überzeugt.

In den nun folgenden Worten des Orestes hat schon Robortelli dem Verse ἀνεπτερώθης κἀδόκεις ὁρᾶν ἐμέ, den der Mediceus unmittelbar nach κουρὰν δ' ἰδοῦσα τήνδε κηδείου τριχός aufführt, seine einzig richtige Stelle angewiesen (d. h. nach ἰχνοσκοποῦσά τ' ἐν στίβοισι τοῖς ἐμοῖς): nicht hat man sich dagegen bisher über die Stellung und Schreibung der Worte σαυτῆς ἀδελφοῦ συμμέτρου τῷ σῷ κάρᾳ einigen können, die sich in der Handschrift nach ἰχνοσκοποῦσα — τοῖς ἐμοῖς vorfinden. Wir lassen diesen Vers also noch bei Seite und geben hier zunächst die übrigen Verse mit Aufnahme der handgreiflichen Correcturen:

αὐτὸν μὲν οὖν ὁρῶσα δυσμαθεῖς ἐμέ. —   225

κουρὰν δ' ἰδοῦσα τήνδε κηδείου τριχός,
ἰχνοσκοποῦσά τ' ἐν στίβοισι τοῖς ἐμοῖς
ἀνεπτερώθης κἀδόκεις ὁρᾶν ἐμέ.
σκέψαι τομῇ προσθεῖσα βόστρυχον τριχός,   230
ἰδοῦ δ' ὕφασμα τοῦτο, σῆς ἔργον χερός,
σπάθης τε πληγὰς ἠδὲ θήρειον γραφήν —
ἔνδον γενοῦ, χαρᾷ δὲ μὴ 'κπλαγῇς φρένας·
τοὺς φιλτάτους γὰρ οἶδα νῷν ὄντας πικρούς.

Für die Einfügung der noch rückständigen Worte σαυτῆς ἀδελφοῦ συμμέτρου τῷ σῷ κάρᾳ mag sich auf den ersten Blick eine doppelte Möglichkeit ergeben: einmal hinter dem Verse κουρὰν δ' ἰδοῦσα τήνδε κηδείου τριχός, und hierher wollte sie Heath gestellt wissen. Dagegen erwartete Bothe die Reihenfolge σκέψαι τομῇ προσθεῖσα βόστρυχον τριχὸς | σαυτῆς ἀδελφοῦ, συμμέτρου τῷ σῷ κάρᾳ. Beides ist aber (wenigstens in dieser Form) unmöglich: 'quum σύμμετρος non de colore sed de mensura dicatur, ut apud Euripidem Electr. 532 σὺ δ' εἰς ἴχνος βᾶσ' ἀρβύλης σκέψαι βάσιν | εἰ σύμμετρος σῷ

44

ποδὶ γενήσεται, τέκνον' — ein Argument, welches Dindorf Poet. scen. ed. V p. 75 treffend geltend machte. Was folgt daraus? Die fraglichen Worte können keinesfalls nach κουρὰν δ' ἰδοῦσα — τριχός Platz finden, da sie hier nur 'de colore' gesagt sein könnten. Sie dürfen aber auch an· der zweiten Stelle nur stehen, wenn sich der Gedanke ergäbe: 'Lege die Locke an den Schnitt des Haars, schau her, wie sie sich dem Haupte deines Bruders anpasst,' d. h. wenn σύμμετρος 'de mensura' und κάρᾳ also nicht vom Haupte der Schwester, sondern des Bruders verstanden würde. Um diesen völlig brauchbaren Gedanken zu gewinnen, begnügte sich Dindorf ehemals mit dem Vorschlage von II. L. Ahrens: σκέψαι τομῇ προσθεῖσα βόστρυχον τριχὸς | σαυτῆς ἀδελφοῦ σύμμετρον τῷμῷ κάρᾳ. Aber der Grund, warum man auch bei dieser Aenderung nicht stehen bleiben kann, liegt auf der Hand. Wollte man auch in τῷμῷ κάρα neben σαυτῆς ἀδελφοῦ keine Härte finden, so reicht doch das Adjectiv σύμμετρον nicht aus, um den obigen Gedanken deutlich herauszukehren. Wir erwarten vielmehr ein Participium, das die Handlung des 'Angepasst-werdens' klar hervortreten lässt. Orestes sagte :

σκέψαι τομῇ προσθεῖσα βόστρυχον τριχὸς   230
σαυτῆς ἀδελφοῦ συμμετρούμενον κάρᾳ,
ἰδοῦ δ' ὕφασμα u. s. w.

Der passive Gebrauch von συμμετρεῖσθαι ist auch für die Tragiker völlig gesichert durch Soph. OR. 963, wo es vom Tode des Polybos heisst OI. νόσοις ὁ τλήμων, ὥς ἔοικεν, ἔφθιτο. ΑΓ. καὶ τῷ μακρῷ γε συμμετρούμενος χρόνῳ, d. h. wie man richtig erklärt hat σύμμετρος ὢν τῷ μακρῷ χρόνῳ. — Die Entstehung der Corruptel ist klar: CYMMETPOYMENON wurde wegen des vorhergehenden ἀδελφοῦ von unkundiger Hand in συμμίτρου μενον abgetheilt, was dann die verkehrte Aenderung in συμμίτρου τῷ σῷ veranlassen mochte, indem der Erklärer deutete: Sieh her, lege die Locke an den Schnitt des Haars deines Bruders, das dem deines Hauptes entsprechend ist.

Jetzt, nachdem die richtige Lesart erkannt ist, mag von einem anderen als dem sprachlichen oder syntaktischen Ge-

sichtspuncte aus hinzugefügt werden, wesshalb alle übrigen
Stellungen dieses vielgewanderten Verses zu verwerfen sind.
Heath — sahen wir — wünschte ihn nach *κουρὰν δ' ἰδοῦσα
— τριχός*, Paley wollte ihn in der veränderten Gestalt *σαυτῆς
ἀδελφοῦ συμμέτροις τῷ σῷ ποδί* da, wo ihn die Handschrift hat (nach *ἰχνοσκοποῦσά τ' — τοῖς ἐμοῖς*). Aber gegen
beide Stellungen spricht ein Moment, das schon Schütz und
Hermann richtig hervorhoben. Da nämlich Orestes mit
einem gewissen Vorwurfe der Leichtgläubigkeit begegnet, welche die hoffende Elektra vor seinem persönlichen Erscheinen
bei dem blossen Anblicke der Locke und der Fussspuren an
den Tag legte, so wird er füglich nicht selbst noch das Ge-
wicht jener Argumente, auf die sich die Schwester dabei
stützte, durch ein hinzugefügtes *σαυτῆς ἀδελφοῦ συμμέτρον τῷ
σῷ κόρᾳ* (oder wie Paley wollte *σ. ἀ. συμμέτροις τῷ σῷ ποδί*)
zu erhöhen suchen. Im Gegentheil: in den Versen 226 ff.
wird alles nur flüchtig angedeutet — *κουρὰν δ' ἰδοῦσα τήνδε
κηδείον τριχός, ἰχνοσκοποῦσά τ' ἐν στίβοισι τοῖς ἐμοῖς*; während
die gleichsam handgreifliche Motivirung der folgenden Stelle
V. 230 ff. angehört, wo Orestes nun selbst in dringendem
Tone (so ist das Asyndeton *σκέψαι* u. s. w. aufzufassen) die
Schwester zu überzeugen sucht, dass sie in Wahrheit den
Bruder vor sich sehe. Dasselbe, wie wir meinen, durchschla-
gende Argument ist gegen Heimsoeth geltend zu machen
Wiederherst. S. 163 ff. Sein künstlicher Versuch, den fraglichen Vers zu zertheilen und die so gewonnenen Hemistichien einzuzwängen, beruht auf einer Reihe von Unwahrscheinlichkeiten. Zudem lässt er die, wie wir sahen, auch sprach-
lich unhaltbare Verbindung von *κουρὰν — σύμμιτρον τῷ σῷ
κάρᾳ* bestehen und hebt die wirkungsvolle Einfachheit der
Satzfügung auf.

Wenn N. Wecklein jüngst behauptete (Philologus Jahrg.
1872 S. 184), der Vers *σαυτῆς ἀδελφοῦ* u. s. w. finde seine
richtige Stelle überhaupt nicht im Texte, sondern am Rande
(*σαυτῆς ἀδελφοῦ* sei eine Bemerkung zu dem auf die Verwandt-
schaft gedeuteten *κηδείου*, dagegen *συμμίτρον τῷ σῷ κάρᾳ* eine
überflüssige Note zu *τριχός*), so ist natürlich eine solche
Annahme erledigt von dem Augenblicke an, wo der Vers

eine nach jeder Seite hin befriedigende Verwendung erhalten hat.

Für die Art und Weise, wie H. Weil mit der ganzen Erkennungsscene und so vielen anderen Aeschyleischen Stellen umgegangen ist, haben wir uns vergeblich nach einer anderen Erklärung umgesehen, als welche in dem Zwange gefunden wird, den die vermeintliche Entdeckung der durchgängigen Symmetrie des Aeschyleischen Recitativs auf das Urtheil dieses Herausgebers ausübte. Der Versuch einer ausführlicheren Motivirung der hier angenommenen Lücken und Umstellungen (Fleckeis. Jahrh. Jahrg. 1861 S. 393) ist begreiflicher Weise, nicht beweiskräftiger ausgefallen als die gedrängtere Note der Ausgabe, an welche wir hier der Kürze wegen anknüpfen. Zu dem in Rede stehenden Verse (σαυτῆς ἀδελφοῦ u. s. w.) bemerkt Weil: 'versum illum vagum in fine orationis collocavi, ante eum unius versus lacuna notata. Orestes enim sororem iusserat cincinnum desertum trunco capillo admovere et texile aspicere ab ipsa pictum. Sed alia sunt maiora addenda. Tu vero, inquit, quae e crinium et vestigiorum similitudine fratrem adesse coniiciebas, me ipsum intuere et fratrem praesentem agnosce formae tuae similem. Tum Electra ὦ τερπνὸν ὄμμα.' Nirgends kann deutlicher hervortreten, wie weit den Herausgeber seine Zahlentheorie von nüchterner Methode entfernt hat. Wir anderen würden im äussersten Falle zugeben: sed etiam alia maiora addi poterant (obwohl dann die Kritik dieser Erkennungsscene durch Euripides, Aristophanes u. a. an ihrer Berechtigung verlieren würde) — Weil behauptet frischweg 'sunt addenda', nimmt desshalb (übrigens hier mit G. Hermann) die Lücke eines Verses an und stellt dahinter σαυτῆς ἀδελφοῦ συμμέτρου τῷ σῷ κάρᾳ. Aber auch damit wird der gewünschte 'Fünfer' noch nicht gewonnen: die beiden Verse (233 und 234) ἔνδον γενοῦ — ὄντας πικρούς werden als 'frigidus ineptusque pannus' mit Rossbach bei Seite geschoben, ein Theil der schwesterlichen Begrüssungsrede dem Chor zugetheilt (V. 235—237 und 244—245) und die beiden ausgestossenen Verse (233 und 234) dazwischen geschoben. Nun entspricht sich aber auch Alles auf's genaueste: 'habes inde a versu 207 versus bis senos et bis quinos, qui respon-

dent bis quinis et bis senis versibus (76—97) positis in initio
magni huius periodorum orbis, quo inferiarum oblatio et,
quae inde pendet fratrum agnitio continetur. Qui sequuntur
versus octo sunt agnitionis consummatio et totius loci clau-
sula." Das Krankhafte der Uebertreibung eines (sofern er in
den richtigen Schranken gehalten wird) fruchtbaren Gedankens
mag schon aus diesen Anführungen deutlich sein: die Quellen
so schwerer Irrthümer werden erst durch unsere weitere Erörterung offen gelegt werden.

Vers 231 ff. ist überliefert:

ἰδοῦ δ' ὕφασμα τοῦτο σῆς ἔργον χερός,
σπάθης τε πληγὰς εἰς δὲ θήριον γραφήν.
ἔνδον γενοῦ, χαρᾷ δὲ μὴ 'κπλαγῇς φρένας·
τοὺς φιλτάτους γὸρ οἶδα νῦν ὄντας πικρούς.

Statt εἰς δὲ in V. 232 schlug schon Turnebus ἠδὲ vor, ἔσιδε
Otfr. Müller: eines von beiden, wahrscheinlich das erstere ist
herzustellen. Wenn G. Hermann diese Correctur verschmäht
und mit Beibehaltung von εἰς δὲ den Ausfall eines Verses
annimmt, der auch dem εἰς δὲ durch ein darin etwa vorkom-
mendes βλέψασα die nöthige Stütze geboten habe, so führt
er zur Rechtfertigung dieser Vermuthung auffallender Weise
einen ganz ähnlichen Grund als Weil an: 'undecim erant
Orestae versus, ut mox undecim sunt Electrae.' Aber auch
diese Gegenüberstellung ist (ganz abgesehen von der noch in
Betracht zu ziehenden Rede der Elektra) schon für Orestes
handgreiflich falsch: Hermann übersah, worauf wir schon oben
hinwiesen, dass nämlich V. 225 αὐτὸν μὲν οὖν ὁρῶσα δυσμαθεῖς ἐμὲ nur die Stichomythie zu Ende führt, nicht aber zu
der längeren Rede des Orestes zu ziehen ist. Also auch mit
Annahme des Ausfalls eines Verses nach εἰς δὲ θήριον γραφήν würde sich für Orestes immer nur die Zahl von zehn
Versen ergeben. Weiterhin hätte aber der ausgefallene Vers
auch nach Hermann (wie sein βλέψασα zeigt) keinen anderen
Sinn gehabt, als etwa: blicke her und erkenne endlich, dass
ich dein Bruder bin: wie wir ja auch Weil, welcher der Hermann'schen Vermuthung folgt, einen ähnlichen Sinn angeben
hörten. Aber gerade dieses ungeduldige Aneinanderreihen
der verschiedenen, die Elektra überzeugenden Momente, dem

der Ausdruck des logischen Schlusssatzes fehlt ('und erkenne
also endlich den Bruder in mir'), das plötzliche Abbrechen
der Rede ist vom Dichter durchaus beabsichtigt, wie dies die
folgenden Verse *ἔνδον γενοῦ — πικρούς* unwiderleglich darthun.
Orestes fügt den angedeuteten, von Hermann und Weil vermiss-
ten Gedanken nicht hinzu, weil ihn Elektra nicht dazu kommen
lässt. Als ihr auch das Gewebe, das ihre Hand verfertigt,
dargereicht wird, da bedarf es keiner Worte mehr, sie hat
den Bruder erkannt und droht dem Uebermass ihrer Freude
einen gewaltsamen Ausdruck zu geben, von dem der behut-
same Orestes ein Gefährden seines Planes besorgen muss. Rasch
kommt er dem zuvor: *ἔνδον γενοῦ, χαρᾷ δὲ μὴ 'κπλαγῇς φρένας* u. s. w. 'Artificium foret', sagt Rossbach a. a. O. p. 11,
'si quis Orestem praevenire Electrae gaudium diceret'. Wo
hier das artificium liegt, bleibt uns unerfindlich. Man konnte
die Verse *ἔνδον γενοῦ — πικρούς* von dem Vorhergehenden
nur losreissen, weil man ihnen (wie so vielen) die Beleuch-
tung der dramatischen Situation entzog. Dem Verständniss schadete schon die hergebrächte Interpunction; nach
ϑήριον γραφήν konnte höchstens ein Gedankenstrich Platz
finden. Heimsoeth Wiederherst. S. 165 ff., der diese Stelle
bereits mit Einsicht besprochen hat, weist richtig darauf
hin, wie auch der Gedanke Rossbach's, die folgende Begrüssungsrede der Elektra mit einem *ἰοῦ ἰοῦ* einzuleiten, nur
eine Consequenz jener verkehrten Auffassung der Verse *ἔνδον
γενοῦ — πικρούς* war.

Auf der anderen Seite hat sich Rossbach um die nun
folgende Begrüssungsrede der Elektra (V. 235—245) ein jetzt
auch allseitig anerkanntes Verdienst erworben: die Verse
235—237 ὦ φίλτατον μέλημα δώμασιν πατρός, δακρυτὸς ἐλπὶς
σπέρματος σωτηρίου, ἀλκῇ πεποιϑὼς δῶμ' ἀνακτήσει πατρός können ihren rechten Platz erst nach V. 243 (ἐμοὶ σέβας φέρων)
finden. Denn die Worte μόνον κράτος τε — συγγένοιτό σοι
(V. 244—245) sind erst motivirt, wenn ihnen der Vers ἀλκῇ
πεποιϑὼς δῶμ' ἀνακτήσει πατρὸς unmittelbar vorangeht. Nachdem Elektra den Bruder erkannt, da liegt es der Schwester
am nächsten, ihrer nun überströmenden Liebe, ihrem eigen-
sten Verhältnisse zum Bruder einen vollen Ausdruck zu geben

(ὦ τερπνὸν ὄμμα — ἐμοὶ σέβας φέρων), dann erst wird sie
(wenn auch mit gleicher Wärme) des Verhältnisses des Orestes zum Vaterhause und seiner Rächeraufgabe gedenken.
Nun war aber eine Vertauschung der beiden Perioden ὦ φίλτατον μέλημα — ἀναχτήσει πατρός und ὦ τερπνὸν ὄμμα —
ἐμοὶ σέβας φέρων wegen der Aehnlichkeit der Anfänge sehr
naheliegend. Richtig bringt Heimsoeth Wiederherst. S. 166
auch die Textescorruptelen von V. 244 und 245 mit dieser
Vertauschung in Zusammenhang: 'Nachdem einmal ὦ φίλτατον
μέλημα zuerst geschrieben, dann die sechs ausgelassenen
Verse nachgetragen waren, wurden in Folge dieser Stellung
das μόνον, welches nun keinen Halt im Zusammenhange hatte,
in μόνος (ἐμοὶ σέβας φέρων μόνος) interpolirt, und συγγένοιτό
σοι in συγγένοιτό μοι verwandelt.' Turnebus und Stanley haben
das Ursprüngliche wieder hergestellt.

Von hier aus beurtheile man noch einmal den erwähnten Rossbach'schen Vorschlag, die Verse ἔνδον γενοῦ — ὄντας
πικρούς zwischen die beiden Perioden der Elektra ἆ τερπνὸν
ὄμμα — σέβας φέρων und ὦ φίλτατον μέλημα — ἀναχτήσει
πατρός in die Mitte zu nehmen. Würde die Mahnung des
Orestes bei dieser Stellung einen Erfolg und mithin eine
dramatische Bedeutung aufweisen können? Schon Heimsoeth
a. a. O. leugnet dies mit dem weiteren Bemerken, dass ande-
rerseits die Worte ὦ φίλτατον μέλημα u. s. w. wieder nicht
geeignet seien, um etwa durch Nichtbeachtung der Mahnung
'die Unaufhaltsamkeit des freudigen Jubels zu schildern.'

Wie sucht Weil diese Schwierigkeit zu beseitigen? Er
lässt (mit Annahme der Rossbach'schen Umstellungen) die
Elektra die Mahnung des Bruders dadurch in Wirklichkeit
befolgen, dass er die Verse ὦ φίλτατον μέλημα — ἀναχτήσει
πατρός und μόνον κράτος τε — συγγένοιτί σοι (V. 235—237
und 244—245) ausschliesslich dem Chore zutheilt. Er motivirt: 'choro dandi erant, quem et ipsum Orestem reducem alloqui par est et cuius sunt versus antithetici 260—264. Atque
omnino chori est munus, ut fratrum animos gaudio indulgentes
ad instantes curas reducat.' Auch in diesem Urtheil ist Irrthum und Wahrheit wunderlich gemischt. Es muss in der
That erwartet werden, dass der Chor seiner Stellung gemäss

sich zwar im Allgemeinen hier massvoll zurückhalte, aber sich doch bei der Begrüssung in irgend einer Weise betheilige. Aus diesem Grunde ihm aber die Verse ὦ φίλτατον μέλημα — ἀνακτήσει πατρός zuzutheilen, wäre durchaus verfehlt. Wir erwarten vielmehr, dass Elektra in ihrer Anrede nicht lediglich ihr persönliches Verhältniss zum Bruder hervorhebe, sondern, wie es die Lage heischt, auch an sein Verhältniss zum Vaterhause und seine nächsten Ziele (δῶμ' ἀνακτήσει πατρός) erinnere. Wer erkennt weiterhin nicht, wie die Ausdrücke μέλημα δώμασιν πατρός und δῶμ' ἀνακτήσει πατρός in dieser Häufung ungleich natürlicher im Munde der Elektra als in dem des Chors klingen? Wohl aber nehmen wir an, dass der Chor seiner sorgenden Theilnahme an den letzten, auch sein Schicksal berührenden Worten der Elektra durch den Zusatz Ausdruck gab:

μόνον Κράτος τε καὶ Δίκη σὺν τῷ τρίτῳ
πάντων μεγίστῳ Ζηνὶ συγγένοιτό σοι.   245

Dies ist natürlich und augemessen. Den zuversichtlichen Worten der Elektra ἀλκῇ πεποιθὼς δῶμ' ἀνακτήσει πατρός, die den Erfolg der Wiederkehr des Orestes gleichsam vor dem Kampfe anticipiren möchten (man beachte das Futurum ἀνακτήσει), steht nun der massvolle Spruch des Chores passend entgegen. Wahrscheinlich ist μόνον Κράτος δὲ (statt τε) einzuführen.

Dieser schöne Wunsch des Chors: μόνον Κράτος δὲ καὶ Δίκη σύν τῷ τρίτῳ | πάντων μεγίστῳ Ζηνὶ συγγένοιτό σοι erweckt in der Seele des Orestes die Stimmung des Gebetes. Er wendet sich an Zeus (V. 246 ff. Ζεῦ Ζεῦ θεωρὸς τῶνδε πραγμάτων γενοῦ u. s. w.), den πάντων μέγιστος: in einem glücklich gewählten (weil den Gott nahe berührenden) Bilde führt er ihm die Lage der Verwaisten vor. Womit konnte nun, fragen wir, die Scene der Wiedervereinigung der Geschwister nach dem ersten Austausch der Freude stimmungsvoller geschlossen werden als mit einem vereinten Gebete zu dem höchsten Gotte für das Wiederaufrichten des Vaterhauses? Von vornherein wird es natürlich erscheinen, dass Elektra ihre Bitten mit denen des Bruders vereint oder sich ihm anschliesst. Und so ist es in der That. G. Hermann erkannte, dass V. 255—264 (καὶ τοῦ θυτῆρος — κάρτα νῦν

πεπτωκίναι) der Elektra zuzutheilen sind. Die Schwester
schliesst sich in ihren Anschauungen eng an die Worte des
Bruders an, sie nimmt das Bild von dem verwaisten Ge-
schlechte des Adlers auf, um auch aus dem Vortheile des
Gottes selbst heraus in echt antikem Sinne ihm ihre Rettung
nahezu legen. In diesem gemeinsamen Gebete findet die Wie-
dervereinigung der Geschwister ihren gehobensten Ausdruck.
Die Gemeinsamkeit des Denkens und Empfindens zeigt sich
aber nicht nur darin, dass Elektra an das vom Bruder gewählte
Bild anknüpft, sondern gleich in der Art und Weise, wie sie
ihre Worte an die des Bruders gleichsam anschmiegt. Schon
während der Rede des Orestes zu Zeus emporgewandt, führt
sie unmittelbar fort: καὶ τοῦ θυτῆρος καί σε τιμῶντος μέγα
u. s. w. Es ist schwer begreiflich, wie man die an dieser
Stelle so wirksame Aeschyleische Simplicität hat verkennen
können (wie auch V. 129 κἀγὼ χέουσα u. s. w.). Es bedurfte
kaum der Hinweisung auf V. 503, um die Partikel zu rechtfertigen, und vollends zur Unzeit erinnert sich Heimsoeth
hier, dass die Partikel καίτοι von den Abschreibern bisweilen
irrthümlich in καὶ und den Artikel zerlegt werde: der Artikel
ist hier wegen des folgenden Participium καί σε τιμῶντος μέγα
durchaus nothwendig, wie denn Hermann sogar geneigt war καὶ
τοῦ θυτῆρος τοῦ (statt καί) σε τιμῶντος μέγα herzustellen.
Zwei Momente lassen sich noch weiter geltend machen, die
für uns die Hermann'sche Vertheilung der letzten neun
Verse an die Elektra zur Evidenz erheben. Schon einmal,
nach dem Auffinden der Locke, hatte Elektra (woran wir
festhielten) in ihren Zweifeln zu den Göttern gerufen V. 201 ff.
Die dort ausgesprochene, glaubensstarke Hoffnung εἰ δὲ χρὴ
τυχεῖν σωτηρίας, σμικροῦ γένοιτ' ἂν σπέρματος μέγας πυθμήν
hatte sogleich ihre Bestätigung erhalten: es bot sich ihr das
δεύτερον τεκμήριον dar, die Fussspuren. Wenn wir nun an
unserer Stelle V. 255 ff. der nämlichen Anschauung in ähnlicher Form begegnen, so muss auch dies ein Fingerzeig sein,
wem wir die in Rede stehenden Verse zuzutheilen haben:
vgl. V. 262 f.: κόμιζ', ἀπὸ σμικροῦ δ' ἂν ἄρειας μέγαν | δόμον,
δοκοῦντα κάρτα νῦν πεπτωκέναι. Aber auch in der unmittelbar folgenden Ermahnung des Chors (V. 264 ff. ὦ παῖδες, ὦ

4*

σωτῆρις ἑστίας πατρός, σιγᾶϑ᾽ ὅπως μὴ πεύσεταί τις, ὦ τέκνα
u. s. w.) weist der pluralische Numerus deutlich darauf hin,
dass beide Geschwister soeben das Wort ergriffen hatten.
Die letzte Aeusserung des Chors, zeigten wir oben, war zu
Orestes gewandt V. 244—45 μόνον Κράτος δὲ καὶ Δίκη σὺν
τῷ τρίτῳ — συγγίνοιτό σοι. Würden nun die sich daran anschliessenden Verse (V. 246—263) lediglich dem Orestes zu-
fallen, so würde die eben erwähnte Anrede des Chors kaum
motivirt erscheinen.

Wir haben bei der Begründung unserer Vertheilung der
Verse 212 — 268 bisher absichtlich die Frage nach dem symmetrischen Bau dieser Gruppen bei Seite gelassen und lediglich
die übrigen inneren wir äusseren Momente zu Rathe gezogen.
Wer nun unsre Vertheilung als diejenige anerkennt, welche
mit der Ueberlieferung und der dichterischen Intention am
meisten im Einklang steht, für den sind zunächst die Weil'-
schen Constructionen 6 (2, 4). 6 (2, 4). 5 (2, 3). 5 (3, 2).
8 (6, 2) ein für alle mal beseitigt. Die Willkühr der Vers-
vertheilung und Lückenannahme (nach V. 232) hat sich bereits ergeben. Zudem werden die angegebenen Zahlengruppen
nur gewonnen durch das Auseinanderreissen der Stichomythie
und ein ebenso ordnungsloses Zusammenwürfeln stichomythischer und monologischer Bestandtheile. Nicht mehr über-
raschen kann uns, dass Weil also nicht nur kleinere eng zu-
sammengehörige Gruppen wie die Stichomythie von 214—225
incl. durch seine 'Symmetrie' auseinanderreisst, zum Theil
mit anderen heterogenen Gruppen zusammenwirft, sondern
dass er selbst mitten in die Begrüssungsscene einen grossen
Einschnitt verlegt: mit den Versen ὦ φίλτατον μέλημα δώμασιν πατρός u. s. w., die er, wie man sich erinnert, dem Chore
zutheilt, beginnt für ihn ein ganz neuer Abschnitt: 'hinc enim
orditur nova rerum series, vindictae consilia, Jovis et deorum
manium invocationes, quae *novo* comprehenduntur *periodorum
ordine ita dispositarum, ut a versibus trimetris ad planctum
lyricum progressae iterum ad trimetros descendant*'.

Die beste Wiederlegung der Weil'schen Künsteleien
werden aber die Versgruppen bilden, die sich aus unserer,
von der Responsionstheorie zunächst ganz absehenden Unter-

suchung für die Scene von dem Auftreten des Orestes an (V. 212 ff.) bereits factisch ergeben haben. Welchen Standpunct wir im Allgemeinen dieser vielbehandelten Frage gegenüber einnehmen, haben wir in unseren Heliodorischen Untersuchungen (S. 72 ff.) dargelegt, wo wir wenigstens für Aristophanes das schwer wiegende Zeugniss dieses Metrikers beibrachten. Was nun diesen besonderen Fall angeht, so weiss zunächst, wer sich mit dieser Frage beschäftigt hat, dass die antistrophische Responsion dialogischer Gruppen da am natürlichsten sich einstellt, wo sich solche grössere Gruppen unmittelbar an die einfachste Form — die Stichomythie anlehnen. Weiter aber leuchtet ein, dass sich (abgesehen natürlich von den sieben Redepaaren in den Septem) kaum eine andere Scene finden wird, die einer symmetrischen Anordnung von vorn herein günstiger gewesen wäre als diese Begrüssungsscene der wieder vereinigten Geschwister. Ein gewisses Ebenmass war hier von selber geboten, und der Dichter hatte Sorge zu tragen, dass weder Orestes noch Elektra zu einseitig in den Vordergrund trat. Auf die eigentliche Begrüssung des Orestes durch Elektra folgt ein gemeinsames Gebet. Die Schwester, sahen wir, lehnt sich auf's innigste an den wiedergewonnenen Bruder an, der ihr jetzt Vater, Mutter, Schwester, Bruder zugleich ist — nichts natürlicher also, als dass sie ihre Bitten auch dem Umfange nach denen des Bruders anpasst. So hat denn schon G. Hermann, der dieser Frage doch gewiss noch unbefangen gegenüberstand, hier symmetrische Gruppen erwartet. Zu V. 255 καὶ τοῦ θυτῆρος u. s. w. lesen wir die richtige Bemerkung: 'hos novem versus Electrae tribui, ut Orestes novem versus habuerat.' Ebenso will er ein Respondiren der vorhergehenden Reden 225—245. Nach 232 (θήρειον γραφήν) wird desshalb eine Lücke angenommen mit der Motivirung: 'Undecim erant Orestae versus, ut mox undecim sunt Electrae.' Worin der Fehler dieser Zählung liegt, wurde aus dem Obigen klar: Vers 225 αὐτὸν μὲν οὖν ὁρῶσα δυσμαθεῖς ἐμέ beschliesst die Stichomythie. Dann erst, nach kurzer Pause beginnt Orestes die länger ausholende Rede κουρὰν δ' ἰδοῦσα — ὄντας πικρούς. Sie besteht aus neun Versen, aus ebenso vielen die Begrüssungsrede der Elektra

(V. 235—243): denn 244—245 waren, wie wir nachwiesen, dém Chore zuzutheilen. Sie finden in Vers 213—214 ihr Gegenstück. Das Ganze (wenn wir bereits mit V. 268 ein Ganzes annehmen dürfen) würde epodisch durch die Verse 264—268 des Chors geschlossen:

Or. El. Or. El. Or. El. Or. El. Or. El. Or. El. Or.   El. Chor Or. El. Chor
2   1   1   1   1   1   1   1   1   1   1   1   1+9   9   2   9   9   5

Diese so ungesucht sich ergebenden Syzygien wird kein Verständiger als zufällig bei Seite legen, im Gegentheil, wir dürfen darin die unbedingte Gewähr der Richtigkeit unserer Vertheilung erblicken. Auch Heimsoeth mag vielleicht jetzt anders urtheilen. Der Fehler, in den dieser Kritiker verfiel, war der, dass er bei seiner Polemik gegen die Unnatur der Weilschen Uebertreibungen die Symmetrie der Scene überhaupt opferte, statt nach nüchterner Erwägung aller in Betracht kommenden Momente ein gesundes Princip an die Stelle zu setzen. Wunderlich wenigstens müssen 'uns jetzt die Worte berühren, die wir Wiederherst. S. 167 lesen: 'Dass endlich der Aberglaube der Zahlen, welche Weil hier nachweiset von 237—264 (der Weil'schen Ausg.): 5. 6. 3 und 3. 6. 5, dass dieses Tischklopfen, möchte ich sagen, welches, man weiss nicht wie! immer grade die Zahl wiedergiebt, welche gewünscht wird, hier weiter keinen Eindruck mache, will ich noch darauf aufmerksam machen, dass die von Hermann erfundene Theilung der achtzehn Verse 244—262 in zweimal neun, wovon die ersten neun Orestes, die andern neun Elektra sprechen soll, auf einem Fehler im Text beruht, welcher allerdings diese achtzehn Verse so unzusammenhängend machte, dass es gleichgültig wurde, wer sie sprach'. Wie grundfalsch es war, wenn Weil dem Chore auch die Verse ὦ φίλτατον μέλημα — δῶμ᾽ ἀνακτήσει πατρός zutheilte (noch dazu demselben Chore, der die παῖδες kurz darauf zur Ruhe ermahnt), haben wir schon im Obigen dargethan, aber ebenso wenig wird jetzt der Umsichtige an der Richtigkeit der Hermann'schen Vertheilung der achtzehn Verse unter Orestes und Elektra zweifeln. Mit dem 'Fehler im Text', den Heimsoeth hier entdecken will (καὶ

τοῦ ϑυτῆρος soll aus καίτοι ϑυτῆρος verderbt sein) haben wir
uns ebenfalls bereits abgefunden.

Aber wir sind noch nicht am Ende. Mit V. 306 ἀλλ' ὦ
μεγάλαι Μοῖραι beginnt der grosse Kommos zwischen Chor,
Orestes und Elektra; bis Vers 268 hat sich uns die sorgfäl-
tigste Responsion der dialogischen Gruppen ergeben: ist es
dieser Einsicht gegenüber wahrscheinlich, dass die dazwischen
liegende Rede des Orestes, mit der er sich in seinem Ent-
schlusse bestärkt (Vers 269—305) aus der bisherigen Symmetrie heraustreten wird? Wird der Dichter den harmonischen
Eindruck, den er durch die vorhergegangene Scene in dem
Hörer bewirkt hat, unmittelbar vor den Responsionen des
Kommos selbst zerstört haben? Man sieht, eine solche Annahme ist so unwahrscheinlich als möglich. Dennoch müssen
wir uns hinsichtlich der folgenden Rede auf blosse Andeu-
tungen beschränken. Der Kritiker soll noch erstehen, der
den Versuch einer Lösung der hier massenhaft gehäuften
Schwierigkeiten auch nur zu annähernder Evidenz erhebt.
Leichten Kaufs würde man freilich davon kommen durch An-
erkennung der grossen Athetese Dindorf's, der die dreiund-
zwanzig Verse 274—296, 'quorum nonnulli ab antiquis gram-
maticis laudantur, unum Lycophro imitatus est' (Weil), für
interpolirt erklärt: so wäre alles Unebne und Gewaltsame
mit einem Federstriche beseitigt. Aber die Bedenken, die
gegen die Dindorf'sche Ansicht sprechen und namentlich
von Weil zu V. 295 gut hervorgehoben wurden, sind doch
gar zu zahlreich und bedeutsam. Abgesehen, dass bei
einer solchen Annahme der Interpolator im Einzelnen oft
den Aeschylus aufs glücklichste getroffen hätte, so würde
man ihm auch nach der compositionellen Seite einen nicht
verächtlichen Kunstverstand zuerkennen müssen. 'Sapienter
poeta fecit', bemerkt Weil mit Recht, 'quod post matris cae-
dem mente turbatum Orestem iamiamque furiis exagitandum
haec iterum exponere noluit (παρίετι δ' οὐκ ἐρῶ τὴν ζημίαν
v. 1028); sapienter idem hoc loco omnia singillatim persecu-
tus est: ποῦ γὰρ τοσοῦτο κέντρον ὡς μητροκτονεῖν;' Kleinlich
und desshalb unwahrscheinlich ist das Verfahren, das Dindorf
Praef. edit. Lips. quintae p. XCIII einem so phantasievollen

Dichter, wie wir ihn doch in jedem Falle hier vor uns haben, zumuthet: 'In his versibus Orestis interpolator quod Aeschylus scripserat (v. 273) εἰ μὴ μέτειμι τοῦ φόνου τους αἰτίους in τοῦ πατρὸς τοὺς αἰτίους mutavit, exquisita, ut videbatur, brevitate dictum pro τοῦ φόνου τοῦ πατρός, ut viginti tres (274—296) qui sequuntur versus suos (τρίπον τὸν αὐτὸν — παμφθάρτῳ μόρῳ) annectere posset' u. s. w. Bietet uns nicht, was ja unwahrscheinlich, ein unerwarteter Fund neue und sichere Kriterien, so fürchten wir, dass auch ferner die Dindorf'sche Vermuthung wenig Anklang finden wird. So beschränken wir uns denn heute auf den Hinweis, dass auch jetzt die Spur der Responsion wenigstens nicht völlig verwischt ist. Mit V. 297 τοιοῖσδι χρησμοῖς ἄρα χρὴ πεποιθέναι ist ein deutlicher Einschnitt in der Rede des Orestes gegeben: es beginnt die Aufzählung der anderweitigen Motive, die ihn zur That bestimmen müssen. In V. 297—305 haben wir aber wiederum eine stichische Periode von neun Jamben vor uns: nach unserer obigen Darlegung wird man darin keinen Zufall mehr sehen können. Es erhellt wenigstens, dass der Dichter, wie zu erwarten, auch in der vor den Kommos fallenden Rede des Orestes die strophische Symmetrie nicht ausser Augen liess.

Zum Schluss noch einige Correcturen zu der Begrüssungsrede der Elektra. Sie lautet nach unserer obigen Darlegung:

235   ὦ τερπνὸν ὄμμα τέσσαρας μοίρας ἔχον
      ἐμοί· προσαυδᾶν δ᾽ ἔστ᾽ ἀναγκαίως ἔχον
      πατέρα τε καὶ τὸ μητρὸς ἐς σέ μοι ῥέπει   240
      στέργηθρον — ἡ δὲ πανδίκως ἐχθαίρεται —
      καὶ τῆς τυθείσης νηλεῶς ὁμοσπόρου·
240   πιστὸς δ᾽ ἀδελφὸς ἦσθ᾽, ἐμοὶ σέβας φέρων.

      ὦ φίλτατον μέλημα δώμασιν πατρός,   235
      δακρυτὸς ἐλπὶς σπέρματος σωτηρίου,
      ἀλκῇ πεποιθὼς δῶμ᾽ ἀνακτήσει πατρός.

Je länger die anfangs zweifelnde Elektra an sich hielt, um so voller bricht nach der wirklichen Erkennung der Strom der Empfindung hervor. Sie fühlt die Berechtigung des Vorwurfs, den ihr der Bruder machte mit den Versen 226—229. Indem sie die Säumniss nachholt, kann sie sich gleichsam nicht genug thun in dem Aneinanderreihen von Wendungen, um den ganzen Vollgehalt ihrer Liebe erschöpfend darzulegen. Das ist psychologisch meisterhaft, und schon desshalb waren die Verse ὦ φίλτατον — ἀναχτήσει πατρός zwar mit Rossbach den übrigen nachzustellen aber nicht von ihnen zu trennen *). Nach den concreten Bezeichnungen (du bist mir Vater, Mutter, Schwester, Bruder) hebt Elektra von Neuem an, und es folgt eine Reihe abstracter Bezeichnungen. Dass nun in dem überlieferten σπέρματος σωτηρίου, welches Hermann noch aufrecht erhalten wollte, ein Fehler verborgen ist, wird jetzt allgemein zugegeben: 'quum σπέρμα σωτήριον sit Orestes, sua ipsius ille spes diceretur' (Weil). Den Benennungen μέλημα und ἐλπίς geht jedesmal ein Attribut voran: φίλτατον — δακρυτός. Wer nun dem Ton dieser Rede gefolgt ist, dem bietet sich ungezwungen die Vermuthung, dass mit den fraglichen Worten σπέρματος σωτηρίου ein drittes Abstractum angefügt war, bei welchem der Genitiv σπέρματος die Stelle des attributiven Adjectivs vertrat. Wir verbessern:

ὦ φίλτατον μέλημα δώμασιν πατρός,
δακρυτὸς ἐλπίς, σπέρματος σωτηρία,
ἀλκῇ πεποιθὼς δῶμ᾽ ἀναχτήσει πατρός.

Mehler, der die Stelle a. a. O. p. 105 sqq. mit Gründlichkeit behandelte und die Unhaltbarkeit der Ueberlieferung nachwies, dachte an δακρυτὸς ἐλπὶς τέρματος σωτηρίου, aber man fühlt leicht, wie das τέρματος σωτηρίου in seinem Abhängigkeitsverhältniss doch gar zu nüchtern in den bewegten Ton dieser Begrüssung hineinklingt. Weil hat in seiner Anmerkung z. d. St. dies bereits mit gutem Tact herausgehoben. Ebensowenig genügt aber der Vorschlag von Schütz: δακρυτὸς ἐλπὶς σπέρματος σωτήριος, wo ἐλπὶς σωτήριος im Sinne von

---

*) Man wird uns nicht tadeln, dass wir bei der Berücksichtigung der Literatur mit Auswahl verfuhren. So hat sich für Herrn R. Menzel (Quaestiones Aeschyleae, Progr. des Bresl. Friedr.-Gymn. 1868) noch immer nicht die Nothwendigkeit der Rossbach'schen Umstellung ergeben. Abgesehen von andern Verkehrtheiten liest man darüber a. a. O. p. 7: 'sic perperam verba ὦ τερπνὸν ὄμμα — ἐμοὶ σέβας φέρων prima post fratris agnitionem fiunt. Cui loco tantum abest ut conveniant, ut Electra longe a natura recessura fuerit, si prima exultatione fratrem tam longo et verboso flumine tamque implicata oratione, qualis est divisio personae vel nominis in quattuor partes, alloqui coepisset'!

ἐλπὶς σωτηρίας gesagt sein soll. Mag man auch die Möglichkeit dieser Deutung durch den Ausdruck des Sophokles *ἐλπίδες κοινότοκοι* (s. v. a. *ἐλπίδες ἀδελφοῦ*) erhärten zu können meinen, so gewinnt doch die Stelle durch unsere Aenderung in so ungleich höherem Grade an Durchsichtigkeit, dass man in der Wahl kaum zweifelhaft sein wird.

Schon im zweiten Verse der Rede war das Versehen eines Abschreibers zu beseitigen. Vers 238 und 239 endigen beide auf *ἔχον*. Wo der Fehler zu suchen, hat Weil richtig erkannt 'periphrasis *ἔστ' ἔχον* minime poetica hoc in loco rationem non habet', und Dindorf war daher im Irrthum, wenn er die fehlerhafte Wiederholung durch ein *τίσσαρας μοίρας νέμον* (statt *ἔχον*) fortschaffen wollte. Weil's Vorschlag: *προσαυδᾶν δ' ἔστ' ἀναγκαίως ἐμὸν | πατέρα* ist der Stelle wenig gemäss. Denn mag sich auch das Adverbium neben *εἶναι* bei Aeschylus rechtfertigen lassen, so fühlt doch jeder, wie ungleich passender es ist, wenn Elektra in allgemeinerer Wendung sagt: ich muss dich 'Vater' anreden, da *πατήρ* hier nur im übertragenen Sinne verwandt ist. Auch Prien's *ἀναγκαίόν σε νῦν* genügt mir nicht; wir können der Ueberlieferung ungleich näher kommen:

προσαυδᾶν δ' ἔστ' ἀναγκαῖ(ί ν σ' ὁμ)ῶς
πατέρα τε καὶ τὸ μητρὸς ἐς σέ μοι ῥέπει
στέργηθρον u. s. w.

Der Gedanke schwebte hier zunächst rein logisch vor: *προσαυδᾶν δ' ἔστ' ἀναγκαῖόν σ' ὁμῶς πατέρα τε καὶ μητέρα* u. s. w., dem Dichter schob sich dann eine poetische Individualisirung der einzelnen Glieder unter.

II.

Kritische Miscellen.

In dem Fluche, welchen Dido über den sich von ihr abwendenden Aeneas ausspricht, finden sich die Verse Verg. Aen. IIII 618 ff.

nec, cum se sub legis pacis iniquae
tradiderit, regno aut optata luce fruatur,
sed cadat ante diem mediaque inhumatus harena. 620
haec precor, hanc vocem extremam cum sanguine fundo.

Vers 620 giebt begründeten Anstoss, da kein Verständiger sich aus dem 'cadat' zu dem folgenden Gliede ein 'iaceat' wird ergänzen können. So hat man denn in verschiedener Weise den Versuch gemacht, das fehlende Verbum einzuführen. Genthe rieth jüngst: sed cadat ante diem *iaceatque* inhumatus harena. Aber das Attribut ist hier durchaus am Ort und dient dem Gedanken in bester Weise. Auch andere Stellen lassen die Tilgung nicht rathsam erscheinen: vgl. Aen. V 34 notae advertuntur harenae, ebendas. 336 spissa iacuit revolutus harena, 374 perculit et fulva moribundum extendit harena, 423 ingens media consistit harena, 871 nudus in ignota, Palinure, iacebis harena, und sonst.

Kecker griff Peerlkamp ein: der Dichter habe geschrieben:

sed cadat ante diem mediaque inhumatus harena 620
praeda feris iaceat.

Der Satz ist tadellos zu Ende geführt, aber auch die schon überreiche Zahl der Hemistichien um ein neues vermehrt. Ohne Zweifel war ein anderer Weg einzuschlagen. Inhumatus ist Glossem und hat ein Verbum verdrängt, welches die Periode ehemals in kräftiger Weise abschloss: sed cadat ante diem mediaque *putrescat* harena 'mitten auf dem Felde soll er vermodern.' Man sieht, wie leicht hier jener Zusatz Eingang finden konnte. Der Interpret fügt von seinem Standpuncte aus nicht unrichtig ein 'inhumatus' hinzu, ein Begriff, der

in dem poetischen 'mediaque putrescat harena' in der That
enthalten ist.

Der Verabredung der Iuno und Venus gemäss (A. IIII
116 ff.) gelangen Dido und Aeneas, indem sie vor dem ein-
brechenden Unwetter Schutz zu suchen, in dieselbe Grotte
A. IIII 165 ff.:

> speluncam Dido dux et Troianus eandem   165
> deveniunt, prima et Tellus et pronuba Iuno
> dant signum: fulsere ignes et conscius aether
> conubiis, summoque ulularunt vertice nymphae.

Um 'prima' als Beiwort der Tellus zu rechtfertigen, ver-
gleicht auch Ribbeck A. VII 136 primamque deorum Tellurem.
Ebenso pflegt man Hes. theog. 44 anzuführen: οἷς (ϑεοὺς)
Γαῖα καὶ Οὐρανὸς εὐρὺς ἔτικτον. So hätteh sich hier die
älteste (prima Tellus) und die mächtigste Göttin (pronuba
Iuno) vereinigt, um das Bündniss zwischen dem Aeneas und
der Dido zu Stande zu bringen. Aber so richtig die Tellus
a. a. St. prima deorum heisst, eben so unverständlich ist der
Ausdruck prima Tellus.

In der Correctur dieses Verses war man bisher wenig
glücklich. Heinsius versuchte *primae* Tellus et p. I. Dagegen spricht aber offenbar das folgende, wie dies auch Peerlkamp z. d. St. bemerkte, und Wagner erklärt richtig: *dato
signo* fiunt ea, quae continentur verbis 'fulsere... Nymphae.'
Ueber des letzteren flüchtigen Einfall (*Furiae* et Tellus et
p. I.) bedarf es hier keines Wortes. Wenn Peerlkamp in
Vorschlag brachte *tremuit* Tellus et pronuba Iuno, so ist
dies, um von dem Gedanken abzusehen, aus rein methodischen
Gründen zu verwerfen, da somit eine neue Aenderung (*dant*
in *dat*) unumgänglich würde. Eine nahezu komische Fär-
bung aber erhält die Stelle durch die Vermuthung, welche
Richter jüngst befürwortete (Fleckeis. Jahrb. Bd. 99 S. 726):
deveniunt *rima*. Et Tellus et p. I.: kurz und bündig hat
diese Verkennung der Bedeutung von 'rima' Ladewig in der
jüngst erschienenen sechsten Auflage seiner Ausgabe (Anhang
S. 254) zurückgewiesen. In Betracht kommen könnte nur
etwa die Schreibung Hecker's Mnemos. I 204: *primum ut*
Tellus et p. I. d. s. Aber bei näherer Prüfung wird man

zugeben, dass die Schilderung nicht wenig an ihrer Lebhaftigkeit einbüssen würde, sobald man nach deveniunt, wie dies Hecker thun muss, eine starke Interpunction setzt. Ribbeck ist dies nicht entgangen. Man erwartet: Mit dem Eintreten in die Grotte geben zugleich Tellus und Iuno das Zeichen, und nun leuchten die Blitze (als Hochzeitsfackeln) und es ertönt das Jauchzen der Nymphen (als Brautlied). Der Fehler steckt ohne Zweifel in dem Worte prima, mag dies nun ein Interpret hinzugefügt haben, um auch der Tellus wie der Iuno ein Attribut zu geben, oder mag es ehemals beigeschrieben sein, um anzudeuten, dass die Tellus als die erste das Zeichen gab. Mein Vorschlag ist:

speluncam Dido dux et Troianus eandem   165
deveniunt, *una* et Tellus et pronuba Iuno
dant signum u. s. w.

d. h. zugleich geben die Erdgöttin und die Himmelskönigin das Zeichen, und nun folgt in chiastischer Ausführung zunächst: fulsere ignes et conscius aether conubiis, und dann mit Bezug auf die Tellus: summoque ulularunt vertice nymphae. Als Aeneas den Götterbefehl und die bevorstehende Trennung ausgesprochen, hält ihm Dido seine gänzliche Gefühllosigkeit vor A. IV 365 ff.:

nam quid dissimulo aut quae me ad maiora reservo?
num fletu ingemuit nostro? num lumina flexit?
num lacrimas victus dedit aut miseratus amantemst?   370
quae quibus anteferam? iam iam nec maxima Iuno
nec Saturnius haec oculis pater aspicit aequis.

Die Worte 'quae quibus anteferam?' erklärt man richtig durch: huic. crudelitati (quibus) quam crudelitatem (quae) anteponam d. h. was kann ärger noch sein? Aber gegenüber dieser zweifellos richtigen Deutung darf man auch erwarten, dass der Ausdruck des ärgsten Grades der von Aeneas bewiesenen Gefühllosigkeit den besagten Worten unmittelbar vorangeht. Ist nun dieser höchste Grad in dem in unseren Handschriften vorhergehenden Verse 370 (num lacrimas victus dedit aut miseratus amantemst?) oder in V. 369 (num fletu ingemuit nostro? num lumina flexit?) ausgesprochen? Ich glaube, in dem zuletzt angeführten. Dass Aeneas von Dido sich nicht

erweichen lässt (victus), ihr keine Thränen, koin Mitleid
schenkt, mag gefühllos sein, grausamer aber ist', dass er bei
ihrem Weinen nicht aufseufzt, ja nicht einmal den Blick wendet. So erst ist die vor der Frage 'quae quibus anteferam?'
erwünschte Steigerung gewonnen. Da nun beide Verse mit
demselben Worte beginnen, so erhellt, wie leicht hier eine
Vertauschung der ursprünglichen Reihenfolge durch den Ab-
schreiber eintreten konnte. Ich halte es also für wahrscheinlich, dass Vergil schrieb:

num lacrimas victus dedit aut miseratus amantemst? 370
num fletu ingemuit nostro? num lumina flexit? 369
quae quibus anteferam? iam iam u. s. w.

Der von Ulixes auf Sicilien zurückgelassene Achaeme-
nides warnt die Gefährten des Aeneas vor den Cyclopen und
räth zu schleuniger Flucht A. III 639 ff.:

sed fugite, o miseri, fugite atque ab litore funem
rumpite. 640
nam qualis quantusque cavo Polyphemus in antro
lanigeras claudit pecudes atque ubera pressat,
centum alii curva haec habitant ad litora volgo
infandi Cyclopes et altis montibus errant.

Zu dieser Stelle machte Peerlkamp eine nützliche Bemerkung,
nur dass die Bewunderung der Kritik ein wenig vorauseilte:
'hic etiam religionem et curam Virgilii admiror. Potuisset
versum absolvere: *Sed fugite, o miseri, atque a litore rumpite
funem*. Sensit esse elegantius, si *fugite* repeteretur'. Niemand wird bestreiten, dass die Anapher des 'fugite' gerade
in dieser hastig drängenden Aufforderung eine vorzügliche
Stelle hat, aber auf der anderen Seite bleibt im hohen Grade
befremdend, dass der Dichter die unmittelbar folgende *Begründung* dieser Aufforderung (*nam* qualis quantusque u. s. w.)
durch die nach 'rumpite' jetzt entstehende längere Pause von
ihr geschieden hat. Bevor man nun die vorliegende Stelle
bequem zu denjenigen Versen rechnet 'quos non absolvisse
poeta putandus est', oder hier gar eine besondere poetische
Feinheit wittert, folge man unbefangen unserer Darlegung.
Um es kurz zu sagen, der Text bietet hier nicht zu wenig,
sondern zu viel. Die Worte *in antro* V. 641 sind die Bei-

schrift eines Grammatikers, der cavo' entweder durch 'in antro erläuterte oder es für das Adjectiv hielt und die Rede demnach für unvollständig erachtete. Aber 'cavum' ist nicht Adjectiv, sondern das gewähltere Substantiv, wie es Vergil in derselben Bedeutung Georg. I 184 braucht. Nach Tilgung des Glossems ist nur das folgende mit dem vorhergehenden eng zu verbinden, um den berührten Anstoss zu beseitigen:

sed fugite, o miseri, fugite atque ab litore funem
rumpite. nam qualis quantusque cavo Polyphemus   640
lanigeras claudit pecudes atque ubera pressat,
centum alii u. s. w.

Wie leicht übrigens ein Interpret dazu kommen konnte, jene Form für das Adjectiv zu halten, oder, wenn er das Substantiv erkannt, es durch in antro' zu erklären, mag noch aus dem Umstande erhellen, dass sich innerhalb der vorangehenden fünfundzwanzig Verse die gleichen Worte noch zweimal an derselben Versstelle, beidemale mit einem vorhergehenden Adjectiv, finden, woraus sich eben für den Dichter die Nöthigung ergab, an unserer Stelle einmal im Ausdruck abzuwechseln: V. 617 vasto Cyclopis in antro, V. 624 medio resupinus in antro, V. 631 iacuitque per antrum.

Noch ist zu fragen, *wann* die überhängenden Worte in unseren Text gelangten. Citirt wird der Vers nur von Claudius Sacerdos I 161 und zwar nur 'quantusque cavo Polyphemus'. Sieht man die Stelle des Grammatikers nach ihrem Zusammenhange an, so ergiebt sich, dass er die fraglichen Worte nicht nothwendig citiren musste, wenn sein Exemplar sie bereits geboten hätte, aber es bleibt doch wahrscheinlich, dass er sich im letzteren Falle den kurzen Schluss nicht erspart hätte. Wir werden wenigstens mit einiger Sicherheit annehmen dürfen, dass der besagte Zusatz erst nach Claudius Sacerdos Eingang gefunden.

Aber auch jetzt ist den Versen ihre ursprüngliche Gestalt nicht zurückgegeben. So gut sich nämlich der folgende Vers: lanigeras claudit pecudes atque ubera pressat mit dem vorhergehenden zusammenzuschliessen scheint (vgl. Hor. epod. II 45 'claudensque textis cratibus laetum pecus distenta

siccet uhern), ebenso anstössig ist in dieser Aufforderung zur
Flucht die Hervorhebung gerade der friedlichen Beschäftigung
des Polyphem anstatt ihrer Schrecknisse, und ebenso befremdend ist die Verbindung: qualis quantusque Polyphemus
claudit u. s. w. Auch wenn man sich der hergebrachten Erklärung 'qualis quantusque (est, cum) claudit' anschliesst, so
wird die gedankliche Schwierigkeit keineswegs gehoben, vielmehr bemerkt Peerlkamp völlig treffend: 'Quod Polyphemus
pecudes in antro claudit et mulget, hoc nihil facit ad terro-
rem augendum, imo aliquid valet ad minuendum. Hoc im-
primis apparet, si cum Heynio interpretere: *qualis quantusque est, qui claudit, vel cum claudit'*. In der That ist der
Gedanke an dieser Stelle so durchaus fremdartig und störend,
dass nur Gedankenlosigkeit sich mit einer allgemeinen Be-
rufung auf gewisse Connivenzen des epischen Stils beruhigen
könnte. Wir tilgen den Vers. Peerlkamp hat hier richtigen
Tact bewiesen gegenüber der Uebereilung von Bryantius, der
unter besonderer Betonung des formalen Bedenkens (qualis
quantusque claudit) alle vier Verse 641—644 für interpolirt
erklärte. So ist also jetzt zu construiren: 'nam qualis quantusque cavo *) Polyphemus (habitat), centum alii curva haec
habitant ad litora', und wir haben hier den bekannten
localen Ablativ, der dem Ausdrucke poetische Farbe giebt:
A. I 547 neque adhuc crudelibus occubat umbris (vgl. V 371),
A. VII 140 duplicis Caeloque' Ereboque parentes, und sonst
oft. Es bleibt demgemäss als 'das Eigenthum des Dichters
zurück:

sed fugite, o miseri, fugite atque ab litore funem
rumpite. nam qualis quantusque cavo Polyphemus, 640 641
centum alii curva haec habitant ad litora volgo   643
infandi Cyclopes et altis montibus errant.   644

Wenn wir endlich hinzufügen, dass diese Verse sämmt-
lich bei den Grammatikern ihre Erwähnung finden (639 'fugite'

---

*) In welchem Sinne hier die Erwähnung des cavum des Cyclopen
aufzufassen ist, zeigen am besten V. 616 ff: hic me, dum trepidi crudelia
limina linquunt. | inmemores socii vasto Cyclopis in antro ! deseruere.
domus sanie dapibusque cruentis | intus, opaca, ingens; u. s. w.

Probi ars minor 819   641 quantusque c. P.' Claudius Sacerdos I 161   643 Servius Aen. I 201   643 sq. 'curva ... Cyclopes' Arusianus p. 233 L.   644 'infandi C.' Marius Victorinus 2472), dass sich dagegen für die ausgeschiedenen Worte 'in antro .... pressat' nirgend ein Citat nachweisen lässt, so wird man nach unserer Darlegung dies nicht mehr für Zufall halten dürfen.

Chabrias liess in der Schlacht bei Theben seine Phalanx 'das Knie gegen den Schild gestämmt mit gefällter Lanze' den Feind erwarten. Agesilaus musste in Folge dieses neuen Manövers seine anstürmenden Truppen zurückziehen. Cornelius Nepos sagt über diesen Fall Chabr. 1, 3: hoc usque eo tota Graecia fama celebratum est, ut illo statu Chabrias sibi statuam fieri voluerit, quae publice ei ab Atheniensibus in foro constituta est. ex quo factum est ut postea athletae ceterique artifices iis statibus in statuis ponendis uterentur, cum victoriam essent adepti. In der Beurtheilung der bisherigen Versuche, diese gegen den Schluss hin gänzlich aus den Fugen gehobene Stelle in Ordnung zu bringen, stimmen wir mit dem neusten Herausgeber überein. Halm sagt: 'cum libri, quomodo Scheffer probantibus Fleckeiseno et Nipperdeio, in quibus Puteanus, quibuscum Bergk in Philologi XVI, 624, quibus alii, quorum in coniecturis cum ratio coniunctiui essent adepti explicatum uix habeat, praecedente Bosio lacunam statuimus; nam tale aliquid uidetur deesse: in quibus fuerant, cum etc.' Aber es ergiebt sich noch eine andere Schwierigkeit, welche auch durch den Halm'schen Vorschlag keineswegs beseitigt wird. Der Zusatz 'in statuis ponendis, bei der Errichtung von Statuen' kann nur störend sein in einem Satze, dessen Subject die 'athletae ceterique artifices' d. h. die Wettkämpfer sind. Man muss vielmehr erwarten: 'So kam es, dass die Athener', oder allgemein: 'dass man sich später bei der Errichtung von Statuen derjenigen Stellungen bediente, deren sich die Athleten und die übrigen Wettkämpfer bedient hatten, als sie den Sieg erlangt.' Und so ist die Stelle zu schreiben: ex quo factum est, ut postea iis statibus in statuis ponendis uterentur, (quibus) athletae ceterique artifices, cum victoriam essent adepti. Wir ergänzen also nur das Relativ, welches fast nothwendig ausfallen musste, nachdem die Worte 'athletae ceterique artifices' ihre richtige Stellung eingebüsst hatten. Zu der Versetzung dieser Worte konnte das Wort artifices in seiner allgemeinen Bedeutung Künstler' Veranlassung geben, so dass es zu 'in statuis ponendis' zu passen schien. Von Timotheus heisst es ebendas. Timoth. 2, 1: er habe Lakonika verwüstet, die Flotte der Lacedämonier zur Flucht genöthigt, Corcyra unterworfen, sich die Epiroten, Athamanen, Chaoner und andere Küstenbewohner zu Verbündeten gemacht. Im Hinblick auf diese Erfolge fährt der Schriftsteller fort 2, 2: quo facto Lacedaemonii de diutina contentione destiterunt et sua sponte Atheniensibus imperii maritimi principatum concesserunt pacemque his legibus constituerunt, ut Athenienses mari duces essent. — Zwei Bedenken müssen hier jedem in den Weg treten. Einmal wäre der Plural 'his legibus' doch nur zu rechtfertigen, wenn neben den Worten 'ut Athenienses mari duces essent' noch mindestens eine zweite Friedensbedingung aufgeführt wäre, wie z. B. Thrasyb. 3 hinter 'his condicionibus' oder Dion 5 nach 'talibus pactionibus', und sonst. Nicht minder auffallend ist die Wiederholung desselben Gedankens: ut Athenienses mari duces essent. Diese Gründe schienen ehemals Fleckeisen (Philol. IV 323) stark genug, die Worte 'pacemque — duces essent' zu streichen. Mit einer ausnehmend leichten Aenderung, nämlich der Correctur von 'his' in 'iis', glaubte Nipperdey abhelfen zu können Spicil. II, 3, 6, und auch Halm nahm diesen Vorschlag in den Text auf. So wäre also das Pronomen im Sinne von 'talibus' zu fassen, und 'ut Athenienses mari duces essent' würde als das schliessliche Resultat mehrerer Bedingungen anzusehen sein. Aber die Leichtigkeit einer Aenderung ist nicht immer die Gewähr für ihre Richtigkeit. Hier lässt uns die Wiederholung desselben Gedankens innerhalb eines so kurzen Satzes den Fehler an ganz anderer Stelle suchen. Nipperdey a. a. O. p. 7 wendet zwar ein 'accedit ultimis verbis nova res, ut quod antea tantum factum esse relatum erat, iam pacis legibus constitutum esse tradatur,' aber dieser Einwand hat seine gute Berechtigung nur gegenüber der Vermuthung Fleckeisen's, der auch die Worte 'pacemque his legibus constituerunt' in Zweifel ziehen wollte. Vielmehr ist nur 'ut Athenienses mari duces essent' als überschüssige Beischrift zu tilgen. 'his legibus' bezieht sich nun auf die beiden unmittelbar vorhergenannten Thatsachen: die Lacedämonier liessen von der immerwährenden Rivalität ab und gestanden den Athenern die Seehegemonie zu, 'und unter diesen Bedingungen schloss man Frieden.'

Cicero de orat. I 3, 11 spricht über die Seltenheit trefflicher Redner: Vere mihi hoc videor esse dicturus, ex omnibus eis, qui in harum artium studiis liberalissimis sint doctrinisque versati, minimam copiam poetarum egregiorum exstitisse. Atque in hoc ipso numero, in quo perraro exoritur aliquis excellens, si diligenter et ex nostrorum et ex Graecorum copia comparare voles, multo tamen pauciores oratores, quam poetae boni reperientur.

Der logische Widerspruch, der in dieser Gedankenreihe versteckt liegt, ist unlängst von Th. Adler (Progr. d. lat. Hauptschule in Halle 1869 p. 7) treffend herausgehoben: 'si hic ipse numerus est minima copia poetarum egregiorum, qui fieri potest, ut in minima copia poetarum pauciores oratores quam poetae boni reperiantur? An in poetarum numero etiam oratores sive boni sive mali insunt?' Nach dieser Bemerkung muss einleuchten, dass die Stelle nicht zu erklären, sondern zu verbessern ist. Auch der Sitz des Fehlers ist bereits einem andern Gelehrten nicht entgangen: Bake sah, wie überflüssig das Attribut 'egregiorum' erscheinen muss gegenüber dem gleich folgenden Relativsatze: in quo perraro exoritur aliquis exellens. Aber dies 'egregiorum' war nicht einfach mit Bake zu tilgen, vielmehr an seiner Stelle die logisch nothwendige Verbesserung einzuführen. Cicero konnte nur sagen: Unter allen den Männern, die der Kunst und Wissenschaft ihre Thätigkeit zugewandt, giebt es nur eine (verhältnissmässig) kleine Zahl von Dichtern und Rednern. Und in der Anzahl dieser wieder, in der sehr selten jemand als bedeutend hervortritt, werden, wenn man eine sorgfältige Vergleichung aus der Zahl der unseren und der der Griechen anstellt, doch viel weniger gute Redner als gute Dichter gefunden werden. Demgemäss ist herzustellen: minimam oopiam poetarum *et oratorum* exstitisse. Atque in hoc ipso numero, in quo perraro exoritur aliquis excellens, u. s. w. Das Wort 'egregiorum' ist entweder aus 'et oratorum' verderbt, oder es war, was probabler erscheint, ehemals als Glossem übergeschrieben und hat dann das gedanklich Nothwendige verdrängt. Marius Victorinus p. 108 K. (148 G.) wird von der penthemimeres des Hexameter gesprochen : huius incisioni, quae syllaba clauditur, si alteras duas adicias, ut tertium pedem trisyllabon compleas, erit hoc penthemimeres trimetrum δεξιόν. nihil autem intererit, si pes tertius in isto versu longa syllaba, quae est finalis ἀδιάφορος, finiatur et fiat ἀμφίμακρος, veluti

        arma virumque cano Troiae.

Keil hat hier zunächst das überlieferte 'qua syllaba' richtig in *quae* syllaba corrigirt, und ebenso selbstverständlich trisyllabon hergestellt. Wenn derselbe Gelehrte dagegen das sinnlose 'penthemimeres' einfach streicht, so fragt man vergeblich, wie es in den Text gekommen. Es war zu verbessern: erit hoc (*e*) penthemimere trimetrum δεξιόν: vgl. p. 115 K. erit ex tetrametro hexameter talis, und sonst. — Den in dem angeführten Beispiele 'a. v. c. T.' verborgenen Fehler hatte schon Camerarius bemerkt. Seine Anmerkung wird von Keil wiederholt: '*reponenda vox disyllabos, iambica, ut* tuae *aut* tibi.' Vielmehr hat der Metriker geschrieben: arma virumque cano, *cano*. Die Entstehung der handschriftlichen Corruptel liegt demnach auf der Hand. Es ist ein Brauch der lateinischen Metriker, solche Musterverse durch Wiederholung bald eines bald mehrerer Wörter oder ganzer Halbverse je nach metrischem Bedürfniss zu variiren. Beispiele hierfür kann man sich in beliebiger Zahl sammeln.

Eine schärfere Remedur ist nöthig ebendas. p. 111 K. Hier ist von einem nach der Ansicht des Grammatikers dem genus aeolicum verwandten Metrum die Rede: hoc quoque cognatum aeolico generi metrum esse in dubium non venit, quod primo spondeo et dactylis quattuor subsistit, nisi quod huic interdum ultimus creticus est, ut

        adplenius uenit Alpibus aeria nive.

cui ad implendum hexametrum spondeus deest.

So wird der Vers in den Handschriften gelesen, aurae uis
uenit ist Interpolation der editio princeps. Keil schreibt *at
plenus* venit A. a. n. ohne deutlichen Sinn. Es bedarf nur
der Erinnerung, dass man zu lesen hat:
  · *at Pleias* venit Alpibus aeria nive.
Man weiss, wie gerade das nomen proprium oft am ehesten
einer Verderbniss unterlag. Ebendas. p. 105 K. heisst es: vel si anapaestica hephthemimere copulentur, fiet metrum quod παροιμιακόν appella-
tur, veluti
  sed Iapygii vada ponti taciti prope litoris actas.
Die Lesart der Bücher ist: uicti prope l. a. Keil führte 'taciti'
ein. Sollte nicht einfach *vidi* herzustellen sein? So erhält
man einen brauchbaren Sinn. Auch sehen wir nicht, wesshalb die beiden hephthemimere völlig rein gebildet sein
müssten. Aristoteles Eth. Nicom. 6, 2 p. 1139 b 10 überliefert
uns einen Spruch des Agathon: τὸ δὲ γεγονὸς οὐκ ἐνδέχεται
μὴ γενέσθαι. διὸ ὀρθῶς Ἀγάθων
  μόνου γὰρ αὐτοῦ καὶ θεὸς στερίσκεται,
  ἀγένητα ποιεῖν ἅσσ᾿ ἂν ᾖ πεπραγμένα.
Den Ausdruck ἀγένητα hatte ich mir bereits als der Interpolation verdächtig bezeichnet: jetzt sehe ich, dass auch Nauck
denselben Verdacht hegt und Supplem. ad trag. gr. fragm.
p. XIX vorschlägt: ἄκραντα ποιεῖν. Zieht man die bei
dem Philosophen vorhergehenden Worte (τὸ δὲ γεγονὸς οὐκ
ἐνδέχεται μὴ γενέσθαι) und die Forderungen der auf sorgfältigen Parallelismus bedachten Redeweise des Agathon in
Erwägung, so wird man an der Interpolation in der That
nicht zweifeln trotz Soph. Trach. 743 τὸ γὰρ φανθὲν τίς ἂν
δύναιτ᾿ ἂν ἀγένητον ποιεῖν; Aber dem Stile des Agathon wird
man nicht durch ἄκραντα gerecht, vielmehr durch:
  ἄκρακτα ποιεῖν ἅσσ᾿ ἂν ᾖ πεπραγμένα.
Diese Redeweise, welche durch das Anklingen des Ety-
mon, die Anapher und ähnliche Mittel den Gedanken be-
leuchtet, ist aus Platons Nachbildung und den erhaltenen
Fragmenten zu wohl im Gedächtniss, als dass es hier der
Beispiele bedürfte: ich erinnere nur an die stilistisch ver-

wandte Stelle, die wir jüngst Lect. Stob. (Acta soc. philol.
Lips. t. II fasc. 1) p. 16 vervollständigten (Athen. p. 584 A):

γυνὴ τὸ σῶμα (σ ώ μ α τ ο ς) δι᾽ ἀργίαν
ψυχῆς φρόνησιν ἐντὸς οὐκ ἀργὸν φορεῖ.

In dem eben erwähnten Supplementum ad trag. gr. fragm.
von A. Nauck lesen wir p. XXV als Nachtrag zu den Ades-
pota folgende Notiz: '39. Schol. Aesch. Ag. 1135: παρὰ τὸ
λεγόμενον ἐν τῇ συνηθείᾳ, π ρ ὸ ς μ ά ν τ ι ν ο ὐ δ ε ὶ ς ε ὐ τ υ χ ὴ ς
ἀ π έ ρ χ ε τ α ι. trimetrum restituit G. Wolffius in Philol. vol. 27
p. 745.' Wir erwähnen diese Stelle nicht, weil uns G. Wolff
(wie wir annahmen) in der Veröffentlichung dieses Fragmentes zuvorgekommen: nachträglich sehen wir, dass schon W.
Dindorf die Herstellung gegeben hat Philol. XX S. 27.

Ein Fragment des Euripides (68 N.) wird bei Stob.
Flor. 8, 12 in den ersten vier Versen wie folgt überliefert:

ὁ φόβος, ὅταν τις σώματος μέλλῃ πέρι
λέγειν καταστὰς εἰς ἀγῶν᾽ ἐναντίον,
τό τε στόμ᾽ εἰς ἔκπληξιν ἀνθρώπων ἄγει,
τὸν νοῦν τ᾽ ἀπείργει μὴ λέγειν ἃ βούλεται.

Das sinnlose ἀνθρώπων im dritten Verse schlug R. Enger vor
in ἀφασίαν τ᾽ zu verwandeln: nicht minder sinngemäss, aber
der Ueberlieferung näher kommend dürfte sein:

τό τε στόμ᾽ εἰς ἔκπληξιν ἀπορίαν τ᾽ ἄγει.

Die Silben -ίαν τ᾽ scheinen vor ἄγει verloren gegangen zu sein,
dann verfiel man bei ΑΠΟΡ auf ΑΝΘΡώπων.

Ein Fragment des Euripideischen Erechtheus (363 N.)
lautet bei Stobaeus Flor. 121, 15:

ἐγὼ δὲ τοὺς καλῶς τεθνηκότας
ζῆν φημὶ μᾶλλον τοῦ βλέπειν τοὺς μὴ καλῶς.

Wie in der ersten Ausgabe so giebt Nauck auch in der zweiten die Bemerkung: 'vs. 2 fort. ζῆν φημί, φημὶ δ᾽ οὐ βλέπειν leg.' Ich läugne nicht, dass eine derartige Interpolation,
wie sie hier vorliegen würde, denkbar ist, wohl aber, dass
durch die Annahme des Vorschlages die Schwierigkeiten gehoben werden. Zunächst wäre man in Zweifel: soll man zu
den Worten τοὺς μὴ καλῶς ein τεθνηκότας oder aus dem βλέπειν ein βλέποντας ergänzen? Im ersten Falle erhielten wir

den Sinn: die ruhmvoll Dahingegangenen leben, die ruhmlos
Dahingegangenen leben nicht (φημὶ δ' οἱ βλέπειν τοὺς μὴ καλῶς); im zweiten Falle hiess es: die ruhmvoll Gefallenen leben,
die ruhmlos lebenden leben nicht. Beidemale wäre also das
Wort βλέπειν in einem vertieften Sinne gebraucht, mag man
es (bei der Ergänzung von τεθνηκότας) von dem Leben verstehen, das der Ruhm auch nach dem Tode verleiht, oder
(bei der Ergänzung von βλέποντας) von dem Leben im wahren Sinne, von der vita vitalis. Aber wir müssten sehr irren,
wenn nicht beide Bedeutungen dem βλέπειν fremd wären und
naturgemäss fremd sein müssten. Der Grieche gebraucht sein
βλέπειν φάος oder das blosse βλέπειν (wie der Römer in Verbindung mit vivus sein videns) von der physischen Existenz
im eigentlichen Sinne — in vivis esse, und nur in diesem
Sinne, wie dies durch die Verbindung am deutlichsten wird
bei Soph. Phil. 883: ἥδομαι μέν σ' εἰσιδὼν — ἀνώδυνον βλέ-
ποντα κἀμπνέοντ' ἔτι. So fragt, um noch ein anderes
Beispiel anzuführen, Eur. Alc. 139 der Chor die Sclavin, ob
Alkestis noch am Leben sei. Die Gefragte erwidert: καὶ ζῶσαν
εἰπεῖν καὶ θανοῦσαν ἔστι σοι. Verwundert über diese Antwort
entgegnet der Chor: καὶ πῶς ἂν αὐτὸς κατθάνοι τε καὶ
βλέποι; und das Räthsel löst sich dann in dem Satze:
ἤδη προνωπής ἐστι καὶ ψυχορραγεῖ. Absichtlich wählt der
Dichter gerade das Wort βλέπειν, um die Berechtigung der
in der Frage liegenden Verwunderung herauszuheben: ein
κατθανών kann nicht das Licht der Sonne schauen. So hat
man denn zu der schon von Salmasius vertretenen Ansicht
zurückzukehren, dass die Worte τοῦ βλέπειν τοὺς verschrieben
sind aus einem τοῦ βλέποντος. Der Dichter sagte, woran,
wie ich jetzt sehe, auch Heimsoeth dachte:

ἐγὼ δὲ τοὺς καλῶς τεθνηκότας
ζῆν φημὶ μᾶλλον τοῦ βλέποντος οὐ καλῶς;

d. h. als derjenige welcher ruhmlos das Licht der Sonne
schaut. War der Artikel (τοὺς) einmal eingedrungen, so
konnte ein Corrector die Worte τοὺς οὐ καλῶς kaum anders
als im Gegensatze zu τοὺς καλῶς τεθνηκότας d. h. im hypothetischen Sinne auffassen, und so mag dann οὐ in μὴ verwandelt sein.

Das folgende Fragment 364 N. bietet Stobaeus Flor. 3, 18
in den ersten Versen:

> ὀρθῶς μ᾽ ἐπῄροῦ· βούλομαι δὲ σοί, τέκνον,
> φρονεῖς γὰρ ἤδη ἀποσώσαις ἂν πατρὸς
> γνώμας φράσαντος, ἣν θάνω, παραινέσαι
> κειμήλι᾽ ἐσθλἀ· u. s. w.

Die Form κἀποσώσαις hätten wir Lect. Stob. p. 23, wo wir
die Zulässigkeit der Optative auf — αις — αι für Euripides
prüften, mit aufführen müssen, wenn auch die Zahl der Beispiele dadurch nicht vermehrt wird. Porson in dem Supplementum ad praef. Hec. p. XXXV corrigirt die Stelle aus be-
kanntem metrischen Grunde in κἀποσώσαι᾽ ἂν πατρός, und so
schreibt jetzt auch Nauck in der zweiten Ausgabe. Das Me-
dium ist hier in der That ungleich mehr am Orte: vgl. Eur.
Suppl. 916 ἃ δ᾽ ἂν μάθῃ τις, ταῦτα σώζεσθαι φιλεῖ | πρὸς γῆρας.
Ein Fragment der Euripideischen Melanippe überliefert
Stobaeus Flor. 69, 11 (497 N.)

> τῆς μὲν κακῆς κάκιον οὐδὲν γίγνεται
> γυναικός, ἐσθλῆς δ᾽ οὐδὲν εἰς ὑπερβολὴν
> πέφυκ᾽ ἄμεινον· διαφέρουσι δ᾽ αἱ φύσεις.

Dass in οὐδὲν γίγνεται eine Interpolation steckt, darüber kann
kein Zweifel sein (vgl. Nauck Eurip. Stud. 2 S. 69). Nauck
dachte an οὐχὶ oder οὔτι γίγνεται, in der zweiten Ausgabe
heisst es 'οὐδὲν ἔστ᾽ ἰδεῖν scripserim': allen diesen Vorschlägen gebricht es an Probabilität. Wir sehen in γίγνεται die Ergänzung einer ehemals eingetretenen Lücke. Was war aber
zwischen den Silben οὐδὲν γυ- am ehesten in Gefahr übersehen zu werden? Wir meinen:

> τῆς μὲν κακῆς κάκιον οὐδὲν (οἶδ᾽ ἐγὼ)
> γυναικός u. s. w.

In dem Meleagros 529 N. sprach Atalante, wie man richtig vermuthete, die Worte (Stob. Flor. 70, 6):

> εἰ δ᾽ εἰς γάμους ἔλθοιμ᾽, ὃ μὴ τύχοι, ποτέ,
> τῶν ἐν δόμοισιν ἡμερινουσῶν ἀεὶ
> βέλτιον᾽ ἂν τέκοιμι δώμασιν τέκνα·
> ἐκ γὰρ πατρὸς καὶ μητρὸς ὅστις ἐκπονεῖ
> σκληρὰς διαίτας οἱ γόνοι βελτίονες. 5

Im zweiten Verse ist die Ueberlieferung τῶν ἐν πόνοισιν

u. s. w. Da dies dem Sinne völlig zuwiderläuft, so änderte Musgrave leicht und sicher τῶν ἐν δ/μοισιν u. s. w. Man muss aber diese Emendation als nothwendig erkannt haben, um zu sehen, wie unpassend der folgende Vers erscheint in der Form, wie sie seit Valckenaer üblich ist: βιλτίον᾽ ἂν τίκοιμι δώμασιν (δώματι ist überliefert) τίκνα. Die aller σκιατραφία feindliche Atalante stellt die Worte τῶν ἐν δόμοισιν ἡμιρινουσῶν ἀεί mit herbem Nachdruck voran — dem gegenüber ist der Zusatz δώμασιν im Folgenden nicht denkbar. Musgrave fühlte dies, wenn er σώμασιν vorschlug. Aber damit ist der Gegensatz keineswegs erschöpft. Ungleich passender erscheint: βιλτίον᾽ ἂν τίκοιμι λήμασιν τίκνα.

Den Begriff des λήμασιν ἀγαθός hat Aeschylus in einem Worte: εὐλημματεῖν (Fragm. 101 N.), was bei Hesychius mit λήματος καὶ ἀνδρείας εὖ ἔχειν, erklärt wird. Etym. M. p. 803, 45 liest man: φῷ· ἀντὶ τοῦ φωτί, σὺν τῷ I Εὐριπίδης ἐν Μιλιάγρῳ 'τὸ μὲν γὰρ ἐν φῷ, τὸ δὲ κατὰ σκότος κακόν'. Der Kürze wegen knüpfen wir unsere Erwägung an die Bemerkung W. Dindorf's Poet. scen. ed. V, 3 p. 330 an: 'Quum veteres non τὸ σκότος, sed ὁ σκότος dixerint, aut κατὰ σκότον aut cum Nauckio κατάσκοτον scribendum'. Von diesen Vorschlägen kommt der letztere kaum in Betracht, da κατάσκοτος auch in der einzigen Stelle des Epicharmus bei Athen. 6 p. 236 A höchst zweifelhaft ist. Was die Leichtigkeit der Aenderung angeht, so würde sich nun κατὰ σκότον am meisten empfehlen. Dennoch sind wir der Ansicht, dass die Hand des Dichters damit nicht getroffen ist. Eben weil dem ἐν φῷ gegenüber der Gegensatz des σκότος so unendlich nahe liegt, schlich sich wohl das auch durch sein Genus auf eine spätere Hand hinweisende Wort unter eben diesem Einflusse des τὶ μὲν ἐν φῷ ein. Dem Gedanken würde völlig genügt sein durch die Lesart:

τὸ μὲν γὰρ ἐν φῷ, τὸ δὲ κατὰ χθονὸς κακίν.

Dem τὸ μὲν γὰρ ἐν φῷ mag ein ἡδύ τοι oder etwas dem ähnliches vorangegangen sein, wenn sich der dem κακὸν correspondirende Begriff nicht etwa schon aus dem Zusammenhange stichomythischer Rede ergeben hat. Der Gegensatz von ἐν φῷ und κατὰ χθονὸς, κατὰ γᾶς und dergl. ist bei den Tragi-

kern sehr üblich: ich erinnere nur an Helen. 341 ff. *πότερα*
δέρχεται φάος | *τέθριππά ϑ' ἁλίου* | *[ἐς] κλευϑά τ' ἀστέ-*
ρων, | .... *ἢ 'ν νέκυσι κατὰ χϑονὸς* | *τὰν χϑόνιον ἔχει*
τύχαν; Iph. A. 1250 f. *τὶ φῶς τόδ' ἀνϑρώποισιν ἥδιστον βλέ-*
πειν, | *τὰ νέρϑε δ' οὐδέν* u. s. w. Verwandt ist auch die
ebenfalls aus dem Meleagros (bei Stobaeus Flor. 119, 9) überlieferte Stelle *τερπνὸν τὶ φῶς τόδ'· ὁ δ' ὑπὸ γῆν "Αιδου σκί-*
τος | *οὐδ' εἰς ὄνειρον ἡδὺς ἀνϑρώποις μολεῖν* u. s. w. Auch
wir halten diese Herstellung der gänzlich corrumpirten handschriftlichen Ueberlieferung durch Nauck für glücklich: vergl.
Trag. Gr. fragm. p. 418. Augenscheinliche Uebereilung war
es, wenn Meineke Anal. crit. ad Ath. p. 259 den ersten dieser
Trimeter mit dem Etym. M. p. 803, 45 überlieferten für iden-
tisch erklärt und ihn nach dieser Voraussetzung umgestaltet.
Ein Fragment des Euripideischen Peleus (620 N.) hat
Stobaeus erhalten Flor. 90, 7:

οὐκ ἔστιν ἀνϑρώποισι τοιοῦτος σκότος,
οὐ δῶμα γαίας κληστόν, ἔνϑα τὴν φύσιν
ὁ δυσγενὴς κρύψας ἄν εἴη σοφός.

Hinsichtlich des lückenhaften Schlusses bemerkten wir Lect.
Stob. p. 21, dass der Vorschlag *κρύψας ἄν ἐκβαίη σοφός*
nicht erst von Nauck, sondern bereits von Halm ausge-
gangen ist. Wir hätten hinzufügen müssen, dass diese Ergänzung trotz ihrer Leichtigkeit und trotz der Uebereinstimmung der genannten Kritiker gerade so wenig als der Enger'sche Versuch (*κρύψας ἄν ὀφϑείη σοφός*) vor einer sorg-
fältigeren Prüfung bestehen kann. Was bei *ὀφϑῆναι* auf der
Hand liegt, das gilt auch von *ἐκβῆναι*: beides geräth mit
τοιοῦτος σκότος, οὐ δῶμα γαίας κληστόν, ἔνϑα τὴν φύσιν
κρύψας in offnen Widerspruch, und die Anschauung des
Dichters, die den Fall setzt, dass der Unedle sich im
Dunkel geborgen oder eingeschlossen hätte, würde geradezu
aufgehoben. Auch Lewis hat das Räthsel nicht gelöst. In
der Vermuthung *κρύψειεν ἄν κἄν ἦ σοφός* sind die letzten
Worte *κἄν ἦ σοφός* matt und für die von Lewis beabsichtigte
Steigerung nicht ausreichend. Man hat nur den emphatischen
Eingang *οὐκ ἔστιν ἀνϑρώποισι — κληστόν* zu lesen, um die
Unzulänglichkeit eines derartigen Schlusses heraus zu hören.

Zudem würde man diesem Abschlusse gegenüber vielmehr den Eingang erwarten: 'Nicht würde der Unedle (ὁ δυσγενής) ein Erdgemach oder ein derartiges Dunkel ausfindig machen können — κᾶν ᾖ σοφός,' nicht aber: οὐκ ἔστιν ἀνθρώποισι τοιοῦτος σκότος u. s. w.

Wir haben es hier mit einer Interpolation zu thun, die dem Sinne zur Noth zu genügen sich bemühte, nachdem der Gedanke durch eine kleine Lücke entstellt war. Zur Noth, sagen wir: denn σοφός bildet keinen correcten Gegensatz zu δυσγενής, wie man dies schon aus Wagner's Bemerkung hätte lernen können, und auch aus diesem Grunde ist Halm's und Enger's Versuch unzureichend. Das Dichterwort lautete ✦ ehemals:

ἔνθα τὴν φύσιν
ὁ δυσγενὴς κρύψας ἂν (οὐκ) εἴη κακός.

Die Negation war ausgefallen, ein Corrector suchte dann durch die verfehlte Aenderung des κακός in σοφός nachzuhelfen. Erst jetzt ergiebt sich der richtige Gedanke: 'Es giebt keine Finsterniss, kein Erdgemach, wo der Unedle nicht derselbe bliebe, wenn er sich dort geborgen hätte.'

Welche plumpen Interpolationen der Ausfall der Negationen bisweilen veranlasste, dafür geben wir noch ein weiteres Beispiel. Ein längeres Fragment der Ino des Euripides (407 N.) überlieferte Stobaeus Flor. 38, 8:

τίς ἄρα μήτηρ ἢ πατὴρ κακὸν μέγα
βροτοῖς ἔφυσε τὸν δυσώνυμον φθόνον;
ποῦ καί ποτ' οἰκεῖ σώματος λαχὼν μέρος;
ἐν χερσὶν ἢ σπλάγχνοισιν ἢ παρ' ὄμματα
ἔσθ' ἡμῖν; ὡς ἦν μόχθος ἰατροῖς μέγας   5
τομαῖς ἀφαιρεῖν ἢ ποτοῖσι φαρμάκοις
πασῶν μεγίστην τῶν ἐν ἀνθρώποις νόσων.

Wie ὡς ἦν μόχθος u. s. w. zeigt, corrigirte Meincke den metrischen Fehler zunächst dem Sinne nach richtig: ἐν χερσὶν ἢ σπλάγχνοισιν ἢ παρ' ὄμματα; | οὐκ ἔστιν· ὡς ἦν u. s. w. Aber die Lebhaftigkeit dieses Selbstgesprächs, welches die Antwort der Frage auf dem Fusse folgen lässt, wird zweifellos erhöht durch folgende Fassung:

78·

ἐν χερσὶν ἢ ('ν) σπλάγχνοισιν ἢ παρ' ὄμματ'; •ν
πρόσιστιν· ὡς ἦν μίχϑος u. s. w.   5

Abgesehen davon, dass wir mit dieser Lesart eine enge Ver-
kettung der beiden zusammengehörigen Verse gewonnen haben,
liegt nun auch die Entstehung der Verderbniss vor Augen.
Nachdem οἱ verloren gegangen, corrigirte man das nun un-
passende πρόσιστιν· in ἔσϑ' ἡμῖν; Die Negation war aber
schon desshalb in Gefahr übersehen zu werden, weil οὐ am
Schluss des Verses überhaupt selten ist, und zumal die Interpunction nach der Thesis des sechsten Fusses zu den Aus-
nahmen gehört. Dass beides gerade hier von trefflicher Wirkung ist, wird man hoffentlich zugeben. Die Negation οὐ
am Schlusse eines Jambus bei fortlaufender Rede erscheint
stets in dieser Form, wobei das erste Wort des folgenden
Verses aus naheliegendem Grunde allemal mit einem Conso-
nanten anlautet (also nicht etwa: ἢ παρ' ὄμματ'; οὐκ | ἔνε-
στιν· ὡς u. s. w.): Heraclid. 1016 f. ϑανεῖν μὲν οὐ | χρῄζω u. s. w.,
Hipp. 504 f. ὡς ὑπείργασμαι μὲν οὐ (so Nauck) | ψυχὴν ἔρωτι
u. s. w., Fragm. 52 N. δούλους γὰρ οὐ | καλὸν πεπᾶσϑαι u. s. w.,
242 ἐμὲ δ' ἄρ' οὐ | μοχϑεῖν δίκαιον u. s. w., 495 κεῖς ἀνδρῶν
μὲν οἱ | τελοῦσιν ἀριϑμόν u. s. w. Aesch. Ag. 556 τί δ' οὐ |
στένοντες u. s. w. Soph. El. 1466, 1491; OR. 1232; Antig.
5 ὁποῖον οὐ | τῶν σῶν u. s. w., 544; Trach. 90. Die Inter-
punction nach der Thesis des sechsten Fusses ist selten bei
Euripides: Fragm. 971 N. ἃ δ' Ἑλλας Ἀσία τ' ἐκτρέφει κάλλιστα,
γῆν | δέλεαρ ἔχοντες τήνδε συνϑηρεύομεν, ebenso bei Aeschy-
lus: Pers. 486, verhältnissmässig häufig bei Sophokles: OR.
236, 398; OC. 14, 1130.
     Aus dem Philoktet des Euripides citirt Stobaeus Ecl. 2,
1, 2 p. 4 die Verse (793 N.):

τί δῆτα ϑάκοις μαντικοῖς ἐνήμενοι
σαφῶς διόμνυσϑ' εἰδέναι τὰ δαιμόνων;
οὐ τῶνδε χειρώνακτες ἄνϑρωποι λόγων·
ὅστις γὰρ αὐχεῖ ϑεῶν ἐπίστασϑαι πέρι,
οὐδέν τι μᾶλλον οἶδεν ἢ πείϑει λέγων·   5

Die Correcturen ϑάκοις μαντικοῖς statt des überlieferten ϑώκοις
ἀργικοῖς, ebenso im dritten Verse οὐ statt οἱ verdankt man
Nauck. Noch ist der Schluss verderbt, da er (zumal nach

dem voraufgehenden οὐδέν τι μᾶλλον οἶδεν) ohne jede Pointe
verläuft. Methodisch von Interesse dürfte die Bemerkung
Heimsoeth's sein (Bonner Sommerproöm. 1867 p, XIV): 'pro
πείθειν sententia requirit ἀπατᾶν. scribendum igitur aut hoc
ipsum aut ψεύδειν, ac fuit fortasse ψευδῆ λέγειν sive
ψευδηγορεῖν.' In der That, wenn es auf's Rathen ankäme,
so könnte man das halbe Dutzend ohne Mühe voll machen,
also z. B.: sed nescio an verum sit πλέκειν λόγους vel λέγειν
λόγους.
Man hat, meine ich, überhaupt keinen Grund an πείθειν
(so Nauck statt πείθει) zu rütteln. Das Wort wird naturgemäss sowohl in bonam als in malam partem gebraucht, im
letzteren Sinne natürlich hier (beschwatzen). Wohl aber ver-
misst man ein geeignetes Object, und völlig correct würde der
Gedanke abschliessen, wenn wir das Recht gewönnen, mit
Grotius zu übersetzen:
  Divina qui se scire profitetur, nihil
  scit ille plus quam credulis persuaserit.
Der Fehler steckt also in λέγων, an dessen Stelle wir lesen:
  ὅστις γὰρ αὐχεῖ θεῶν ἐπίστασθαι πέρι,
  οὐδέν τι μᾶλλον οἶδεν ἢ πείθειν λεών·   5
Man vergleiche etwa Stellen wie Or. 907 f. ὅταν γὰρ ἡδύς τις
λόγοις φρονῶν κακῶς πείθῃ τὸ πλῆθος, τῇ πόλει κακὸν μέγα,
und ähnliche. λεώς heisst das Volk in seiner Gesammtheit, zunächst mit Hinblick auf Abstammung und Nationalität, daher die häufigen Verbindungen wie Ἀργεῖος λ., Θηβαῖος λ.,
Καδμεῖος λ., dann aber auch allgemein ohne diese Beziehung: Suppl. 481 ὅταν γὰρ ἔλθῃ πόλεμος εἰς ψῆφον λεώ,
Iph. Taur. 1458 ὅταν ἑορτάζῃ λεώς, Hec. 532 σῖγα πᾶς ἔστω
λεώς, Soph. OC. 884 ἰὼ πᾶς λεώς. Zu beachten ist indess,
dass der bei Späteren hie und da hervortretende Nebenbe-
griff des Verächtlichen der älteren Grücität fremd ist.
  Ein Fragment der Auge des Euripides (277 N.) giebt
Stobaeus Flor. 49, 8:
  κακῶς δ᾽ ὄλοιντο πάντες οἳ τυραννίδι
  χαίρουσιν ὀλίγῃ τ᾽ ἐν πόλει μοναρχίᾳ·
  τοὐλείθερον γὰρ ὄνομα παντὸς ἄξιον,
  κἂν σμίκρ᾽ ἔχῃ τις, μεγάλ᾽ ἔχειν νομίζεται.

'Ολίγη μοναρχία, erklärt man, sei so viel als ὀλίγων μοναρχία, letzteres aber gleich ὀλιγαρχία, und Wagner behauptet frischweg 'μοναρχίαν non solum unius imperium, sed regnum in universum significare, cum ex aliis locis, tum ex hoc praecipue loco cognosci potest'. Diese Behauptung könnte den Leser irre machen, wenn sie nicht gar zu deutlich die Verlegenheit an der Stirn trüge. Wagner vermag kein zweites Beispiel vorzubringen, wo μοναρχία jene allgemeine Bedeutung aufwiese, und in der That ist die Sprache nicht so unlogisch, als uns der Herausgeber glauben machen will. Der Grieche gebraucht sein μοναρχία ganz in dem noch bei uns üblichen Sinne vom 'imperium unius', und die Definition des Aristoteles behält ihr volles Recht Rhetor. 1, 8: μοναρχία δ' ἐστὶ κατὰ τοὔνομα, ἐν ᾗ εἷς ἁπάντων κύριός ἐστιν, τούτων δὲ ἡ μὲν κατὰ τάξιν τινὰ βασιλεία, ἡ δ' ἀόριστος τυραννίς, womit Polit. 3, 7 zu vergleichen. Was folgt daraus? Die ὀλίγων ἐν πόλει μοναρχία ist ein Widersinn, da es 'im Staate' nur einen εἷς ἁπάντων κύριος geben kann. Es bedarf keines besonderen Grades von Scharfsinn, um zu dieser Consequenz zu gelangen, nicht minder nahe liegend ist aber die Herstellung des Dichterwortes. Wie öfters bei Stobaeus, sind hier ehemals die Versausgänge vertauscht. Euripides sagte:

κακῶς δ' ὄλοιντο πάντες οἳ μοναρχίᾳ
χαίρουσιν ὀλίγων τ' ἐν πόλει τυραννίδι·
τοὐλεύθερον γὰρ u. s. w.

Dass eine ὀλίγων ἐν πόλει τυραννίς dem Griechen eine geläufige Vorstellung ist, bedarf keines Beweises. Statt vieler Beispiele hätte man sich nur etwa der Tyrannis der Söhne des Peisistratus zu erinnern, abgesehen davon, dass sich nun ὀλίγων τυραννίς hier in der That auch allgemein von oligarchischer Gewaltherrschaft fassen lässt. So schildert Isokrates die Oligarchie Paneg. 105 — ἔτι δὲ κοινῆς τῆς πατρίδος οὔσης τοὺς μὲν τυραννεῖν, τοὺς δὲ μετοικεῖν, καὶ φύσει πολίτας ὄντας νόμῳ τῆς πολιτείας ἀποστερεῖσθαι. Wir haben in der obigen Stelle die Correctur von Grotius (ἰλίγη in ὀλίγων) aufgenommen, da bei dem Gebrauche des Adjectivs in dieser Verbindung wenigstens die Möglichkeit eines Missverständnisses nicht ausgeschlossen bliebe.

Was dieser Stelle noch ein besonderes Interesse giebt, ist der Umstand, dass hier nicht etwa ein gewöhnliches Abschreiberversehen vorliegt, sondern dass wir im Stande sind den Fehler als eine beabsichtigte Interpolation des Compilators nachzuweisen. Stob. Flor. 49 führt den Titel *ΨΟΓΟΣ ΤΥΡΑΝΝΙΔΟΣ*. In der ersten, zweiten, vierten, fünften Dichterstelle (um von den übrigen abzusehen) findet sich das Titelwort *τυραννίς* (oder *τύραννος*) jedesmal unter den Anfangsworten des Fragmentes: so erschien es auch in der dritten Stelle dem Titel gemässer, das Wort *τυραννίδι*, nicht aber (wie der Dichter wollte) *μοναρχία* voran zu stellen. Es ist dies ein treffliches Beispiel für die Lect. Stob. p. 8 bemerkten Puncte.

In sehr verderbter Gestalt ist uns ein Fragment des Euripides überliefert bei Theophilus ad Autol. 2, 8 p. 72 ed. Ott. (1074 N.):

σῶσαι γὰρ ὁπόταν τῷ θεῷ δοκῇ,
πολλὰς προφάσεις δίδωσιν εἰς σωτηρίαν.

Die Lücke des ersten Verses wollte Grotius durch ein *τινα* nach *δοκῇ*, Nauck durch ein *ἄνδρα* nach *ὁπόταν* ausfüllen: letzterer Vorschlag wird wohl das Richtige treffen. Von den Versuchen, den zweiten Vers in Ordnung zu bringen, könnte sich methodisch nur Meineke's *πολλὰς λαβὰς δίδωσιν* empfehlen. Umstellungen der Worte können doch nur probabel sein, wenn damit nicht weitere Aenderungen verknüpft sind: darum sollte man nicht immer wieder die Interpolation von Grotius *πολλὴν δίδωσι πρόφασιν* u. s. w. mit aufführen. Auch Nauck's *προφάσεις καλὰς δίδωσιν* entbehrt jeder Wahrscheinlichkeit. Vielleicht haben wir auch hier, wie so oft, die willkürliche Ergänzung einer ehemals eingetretenen Lücke vor uns. Mein Vorschlag ist:

σῶσαι γὰρ ὁπόταν (ἄνδρα) τῷ θεῷ δοκῇ,
προφάσεις δίδωσι (χοὗτος) εἰς σωτηρίαν.

Oder sollte etwa das bei *καὶ* freilich so gewöhnliche Hyperbaton den Anstoss zu der verfehlten Correctur gegeben haben?

In den Excerpta e ms. Flor. Joannis Damasceni bei Meineke Stob. Flor. v. IV p. 156 liest man folgenden Titel:

ΠΕΡΙ ΤΟΥ ΔΟΚΕΙΝ ΚΑΙ ΤΟΥ ΕΙΝΑΙ, ΚΑΙ ΟΤΙ ΟΥ ΤΩΙ ΛΟΓΩΙ ΧΡΗ ΚΡΙΝΕΙΝ ΤΟΝ ΑΝΘΡΩΠΟΝ ΑΛΛΑ ΤΩΙ ΤΡΟΠΩΙ. ΕΚΤΟΣ ΓΑΡ ΕΡΓΟΥ ΠΑΣ ΛΟΓΟΣ ΠΕΡΙΤΤΟΣ.

Man vergleiche hinsichtlich dieser Worte C. Wachsmuth Comment. II de Florilegio q. d. Joannis Damasc. Laurentiano p. 24. Wir erwähnen hier die Stelle, weil uns die letzten Worte auf einen sonst nicht bekannten tragischen Senar hinzudeuten scheinen, der bei der Abfassung des Titels vorgelegen haben mag:

ἐκτὸς γὰρ ἔργου πᾶς περισσεύει λόγος.

Ein Spruch des Sophokles lautet bei Stobaeus Flor. 45, 11 (853 N.):

πολλῶν καλῶν δεῖ τῷ καλῶς τιμωμένῳ·
μικροῦ δ᾽ ἀγῶνος οὐ μέγ᾽ ἔρχεται κλέος.

Gegen eine Aenderung wie die von Nauck befürwortete (τῷ καλόν τι μωμένῳ statt τῷ καλῶς τιμωμένῳ) sollte nicht immer wieder polemisirt werden. τῷ καλῶς τιμωμένῳ ist unstatthaft. Denn, um Nauck's eigene Worte zu brauchen Observ. crit. p. 30, labores subeundi sunt non ei qui καλῶς τιμᾶται sed ei qui gloriam quaerit: hoc fere dici debuisse manifestum est ex versu altero.' Minder glücklich war man in der Correctur der Anfangsworte. Mit der Zurückweisung von Seyffert's Versuch (πολλῶν γὰρ ἄθλων δεῖ καλῶς τιμωμένῳ Rhein. Mus. XV S. 617) haben wir uns nicht aufzuhalten. Aber auch Nauck's πολλῶν πόνων δεῖ geht doch gar zu unbefangen an der Ueberlieferung vorüber. Neuerdings wurde die Stelle von W. Roscher behandelt Acta societ. phil. Lips. t. I fasc. 1 p. 93. Wenn hier die Vermuthung vorgetragen wird πολλῶν παλῶν δεῖ τῷ καλῶς τιμωμένῳ, multis luctationibus opus est viro iure honorato, so hätte nicht übersehen werden dürfen, dass Herwerden Excercit. crit. p. 27 den gleichen Einfall hatte. Auch Wecklein Ars Soph. em. p. 58 conjicirte παλῶν. Weniger Wunder nimmt es, dass auch der Schüler Cobet's die Priorität des erwähnten Vorschlages nicht behaupten kann: bereits im Jahre 1841 hat ihn F. Bamberger veröffentlicht: vgl. Opusc. philol. p. 164. Trotz dieser

Uebereinstimmung sind wir anderer Ansicht*). Abgesehen davon, dass sich die Worte πολλῶν παλῶν der Declamation wenig empfehlen, hätte man hier sorgfältig jeden Wink der Ueberlieferung beachten sollen. Das Anklingen des Etymons in καλῶν und καλόν muss lehren, dass Sophokles durch dieses für die tragische Rede so characteristische Kunstmittel die beiden Hemistichien eng verknüpfte und damit den Gedanken auch musikalisch herauskehrte. Der Hand des Dichters kam bisher am nächsten Bergk Fleckeis. Jahrb. 1869 S. 186:

πολλῶν κάλων δεῖ τ. κ. τ.

'Viele Segel muss beisetzen, alle Kräfte muss anstrengen, wer Ehre gewinnen will.' Wir hatten uns eine ähnliche Verbesserung angemerkt, nur mit einem gleich zu erwähnenden, wie wir aber meinen, wichtigen Unterschiede. Um nämlich auf den Bergk'schen Vorschlag einzugehen, so gebraucht der Grieche in diesem sprüchwörtlichen, übertragenen Sinne allerdings sein πάντα κάλων ἐξιέναι entsprechend unserem 'alle Segel daransetzen': Aristoph. Ritt. 756 νῦν δή σε πάντα δεῖ κάλων ἐξιέναι σεαυτοῦ, Eur. Med. 278 ἐχϑροὶ γὰρ ἐξιᾶσι πάντα δὴ κάλων, vergleiche auch Schol. Plat. Sisyph.: πάντα κάλων ἐφέντες, ἐπιτείναντες ἢ κινήσαντες ἢ σείσαντες, παροιμία ἐπὶ τῶν πάσῃ προϑυμίᾳ χρωμένων. παρῆκται δὲ ἀπὸ τῶν τὰ σχοινία ἢ τὰ ἄρμενα χαλώντων ναυτῶν. Aber eben weil die Wendung sprüchwörtlich ist, darf man weder den Numerus noch das Beiwort beliebig abändern, wie dies Beides in πολλῶν κάλων δεῖ geschehen würde: nach dieser Seite ist jedes Sprüchwort gewissermassen unverletzlich. Ohnehin möchte der Vortrag zwischen πολλῶν κάλων δεῖ und πολλῶν καλῶν δεῖ nur schwierig den Unterschied wahren können: Sophokles würde sich eines fast gleichen Fehlers schuldig gemacht haben wie Euripides in dem übel berüchtigten Verse des Orestes: ἐκ

---

*) In den Mélanges Gréco-Romains tome III S. 207 ff., die mir soeben durch die Freundlichkeit A. Nauck's zugehen, äussert sich N. in folgenden Worten S. 290: 'trotz des Zusammentreffens so vieler und trotz der Leichtigkeit der Aenderung halte ich dieses πολλῶν παλῶν δεῖ für durchaus verfehlt, darum weil eine derartige Redeweise sich weder belegen noch verstehen lässt. Das Wort πάλη scheint mir hier sinnlos, und ein Pluralis πάλαι ist in der classischen Gräcität kaum denkbar.'

6*

κυμάτων γὰρ αὖθις αὖ γαλήν' ὁρῶ. Aus Allem geht hervor, dass hier eine einschneidendere Aenderung nothwendig ist: κάλω wurde ehemals in καλῶν verschrieben, das nun unverständliche παντός in πολλῶν umgeändert. Solche Vorgänge treten uns leider nur zu häufig entgegen, und zumal hat Nauck das Verdienst, dergleichen oft mit glücklichem Scharfsinn erwiesen zu haben. Der Dichter schrieb:

παντὸς κάλω δεῖ τῷ καλόν τι μωμένῳ,
μικροῦ δ' ἀγῶνος οὐ μέγ' ἔρχεται κλέος.

Von Simonides Amorginus führt Stobaeus Flor. 98, 16 eine längere Stelle an. Der schwer verderbte Anfang lautet bei Meineke:

ὦ παῖ, τέλος μὲν Ζεὺς ἔχει βαρύκτυπος
πάντων ὅσ' ἔστι, καὶ τίθησ' ὅκη θέλει.
νόος δ' οὐκ ἐπ' ἀνθρώποισιν· ἀλλ' ἐφήμεροι
ἀεὶ βροτοὶ δὴ ζώμεν, οὐδὲν εἰδότες
ὅκως ἕκαστον ἐκτελευτήσει θεός.   5

ὅκη und ὕκως änderte Ahrens aus ὅπη und ὅπως (ὅμως A pr. m.). Die Schwierigkeiten liegen in Vers 4 und 5. Denn ἐφή-μεροι | ἀεὶ βροτοὶ δὴ ζῶμεν ist nur ein unzulänglicher Nothbehelf von Grotius. Die Ueberlieferung ist: V. 4 ἐφήμεροι] ἐφημέριοι Vind. Trinc. V. 5 ἄδη βοτὰ ζώομεν A B δὴ βροτοὶ ζά'ομεν Vind.

Aus der Menge der bisher gemachten Vorschläge heben wir diejenigen heraus, die der Erwähnung noch werth erscheinen: ἀλλ' ἐφήμεροι | ἃ δὴ βοτὰ ζώουσιν Ahrens, ἀλλ' ἃ δὴ βροτοὶ (später ἀλλ' ἃ δὴ βοτὰ) | ἐφημέριοι ζῶμεν Schneidewin, ἀλλ' ἐπ' ἡμέρην | ἀεὶ βότ' οἷα ζῶμεν (oder ζόο-μεν) Meineke, ἀλλ' ἐπ' ἡμέρην | ἀεὶ βροτοὶ φρονεῦμεν Bergk PL. t. II p. 736 ³.

Wenn es auch nach unserer Ansicht noch nicht gelang das Dichterwort in seiner ursprünglichen Reinheit herzustellen, so ist doch in den bisherigen Versuchen eine schrittweise Annäherung an das Richtige zu beobachten. Meineke wendet sich zunächst gegen die an die Lesart des Parisinus anknüpfende Vermuthung von Ahrens ἃ δὴ βοτὰ ζώουσιν (ἃ δη βότ' αἰεὶ ζῶμεν Bergk) mit der Bemerkung, dass ἃ δὴ im Sinne von ἅτε δὴ oder οἷα᷄δὴ weder hier noch Soph. Ai. 1041

zu dulden sei: daher sein ἀεὶ βότ᾽ οἷα ζῶμεν. Aber man
hatte weiterhin zu sagen, dass dieser Vergleich der ἐφήμεροι mit den Thieren der Weide trotz des ersten An-
scheins an dieser Stelle wenig opportun ist: das zeigen die
unmittelbar folgenden Verse ἐλπὶς δὲ πάντας κἀπιπειθείη τρέφει
u. s. w. Ungleich passender erscheint der Gedanke: 'Verstand ist nicht bei den Menschen. sondern als ἐφήμεροι leben
wir (unserem Namen entsprechend) für den Tag, ohne zu
wissen, wie der Gott ein Jegliches hinausführen wird.' Was
den erforderten Gedanken angeht, so kommt also von den
bisherigen Vorschlägen der Wahrheit am nächsten einmal
Schneidewin's: ἀλλ᾽ ἃ δὴ βροτοὶ | ἐφημέριοι ζῶμεν, und dann
die jüngste Bergk'sche Conjectur. die sich hinsichtlich des
ἐπ᾽ ἡμέρην auf Meineke stützt: ἀλλ᾽ ἐπ᾽ ἡμέρην | ἀεὶ βροτοὶ
φρονεῖμεν. Beide Vermuthungen haben auch das vor den übrigen voraus. dass sie sich an die Lesart des Vindobonensis
(δὴ βροτοὶ ζώομεν) anschliessen, in welchem auch nach unserer
Ansicht die Quelle der Ueberlieferung hier noch ungetrübter
fliesst als in dem βοτὰ von A und B. Dieses βοτὰ ist nur
Schreibfehler oder möglicherweise Correctur für βροτοί, während letzteres ehemals dem selteneren ἐφήμεροι als Glossem
beigeschrieben war und in den Text drang, als unmittelbar
nach ἐφήμεροι die positive Bezeichnung des Gedankens ausgefallen, den der Dichter dann negativ giebt mit den Worten
οὐδὲν εἰδότες, ὅκως ἕκαστον ἐκτελευτήσει θεός. Ich meine, es
ist einzuführen:

> νόος δ᾽ οὐκ ἐπ᾽ ἀνθρώποισιν· ἀλλ᾽ ἐφήμεροι
> (ἐπ᾽ ἡμέρην) δη ζώμεν, οὐδὲν εἰδότες,
> ὅκως ἕκαστον ἐκτελευτήσει θεός. 5

Bei meiner Annahme der Glossirung von ἐφήμεροι durch
βροτοί will ich nur an Suidas erinnern s. v. ἐφημέριοι — βροτοὶ καθημερινὰ εἰδότες, οὐ προορώμενοι τὸ μέλλον. Nirgends
aber sind dergleichen Erklärungen häufiger in den Text ge-
drungen als gerade in den Handschriften des Stobaeus. So
ist gleich in demselben Fragmente Vers 12 und 13 in A über-
liefert: τοὺς δὲ δύστηνοι νόσοι | φθείρουσι βροτῶν θνητῶν·
τοὺς δ᾽ Ἄρει δεδμημένους, und man sah längst, wie hier nur
das eine durch das andere erklärt ist, mag man einfach βρο-

τῶν streichen, oder umgekehrt mit Ahrens vorziehen: τοὺς δὲ
δύστηνοι βροτῶν | φϑείρουσι νοῦσοι. Dass speciell ein ehe-
maliges τὰς ἐφημέρων τύχας Flor. 105, 3 durch τὰς τύχας τῶν
βροτῶν verdrängt wurde, bemerkte ich bei früherer Gelegenheit: man sehe dies bei Nauck in der zweiten Ausgabe der
Fragmente des Euripides p. 62.

Aus dem Καταψευδόμενος des Philemon (Com. vol. IV
p. 13) finden sich bei Stobaeus Flor. 29, 28 die Verse angeführt:
 πάντ᾽ ἔστιν ἐξευρεῖν, ἐὰν μὴ τὸν πόνον
 φεύγῃ τις, ὃς πρόσεστι τοῖς ζητουμένοις.
Im ersten Verse musste die Lesart in B εὑρεῖν statt ἐξευρεῖν
ein Wink sein, dass der Dichter die Hauptcäsur nicht ausser
Acht liess. Wahrscheinlich lautete der Trimeter ehemals:
 πάντ᾽ ἔστιν εὑρεῖν, (πάντ᾽,) ἐὰν μὴ τὸν πόνον
 φεύγῃ τις, u. s. w.
Nachdem das zweite πάντ᾽ vor ἐὸν ausgefallen, wurde εὑρεῖν
in ἐξευρεῖν geändert etwa nach der gleich darauf folgenden
Stelle des Alexis (29, 33) ὅτι πάντα τὰ ζητούμεν᾽ ἐξευρίσ-
κεται, | ἂν μὴ προαποστῇς μηδὲ τὸν πόνον φύγῃς. Dass das
Simplex ebenso sehr am Platze war wie das Compositum,
bedarf nicht der Erwähnung, doch beachte man den unmittelbar vorhergehenden Spruch (27) ἅπανϑ᾽ ὁ τοῦ ζητοῦν-
τος εὑρίσκει πόνος. Die Vernachlässigung der Hauptcäsur
beschränkt sich, wie man beobachten kann, auch in den Fragmenten der neuen Komödie wenigstens vorwiegend auf be-
stimmte Fälle: also auf Gegensätze, Aufzählungen, oder um
die komische Wirkung zu erhöhen, öfters auch, wenn nach
der Thesis des dritten oder fünften Fusses volle Interpunction
eintritt. — πάντ᾽ ἔστιν εὑρεῖν, πάντ᾽ ist ganz der Stil des
Philemon: man vergleiche unsere Bemerkung Lect. Stob. p. 15.
Der Trimeter weist genau dieselbe Bildung auf wie die ehemals von Elmsley verbesserte Stelle des Euripides (Fragm.
552 N.) νοῦν χρὴ ϑεᾶσϑαι, νοῦν· τί τῆς εὐμορφίας | ὄφελος,
ὅταν τις μὴ φρένας καλὸς ἔχῃ;

Berichtigung.

Die Ergänzung einer Anzahl während des Druckes abgesprungener Zeichen müssen wir dem Leser überlassen. Seite 13 Z. 18 v. u. lies: Deutungen.